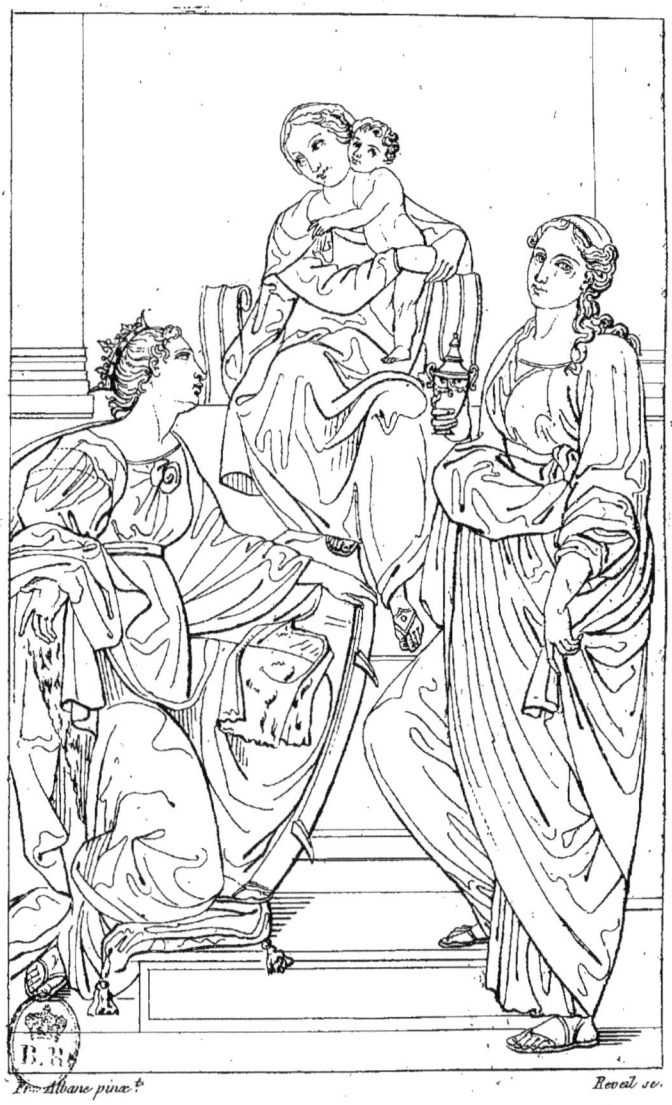

La Vierge sur son Trone
au milieu de S.te Marie Madelaine et de S.te Catherine.

Fr. Albani. École Bolonaise.

1578. ~~~~~~~~~~~~~~~~~~~~~~~~~~~~~~ 1660.

LA VIERGE, L'ENFANT JÉSUS, SAINTE MADELEINE ET SAINTE CATHERINE D'ALEXANDRIE.

Tableau de la Galerie de Bologne.

Hauteur 5 pieds 3 pouces, largeur 3 pieds 4 pouces.

Après le Dominiquin, l'Albane, son ami intime, est le plus célèbre des élèves des Carrache. Visant au même but, dit Malvasia, et professant les mêmes principes, ils parcoururent avec gloire la même carrière. En effet, ils se ressemblent, en général, dans tout ce qui constitue leur goût, et, comme l'a remarqué Lanzi, particulièrement dans leur manière de dessiner, où l'on trouve du choix, de la solidité, de l'expression; ils se ressemblent aussi beaucoup dans leurs teintes, à l'exception que l'Albane offre une couleur plus vive dans ses chairs, bien qu'elle soit quelquefois altérée par l'impression première de ses toiles. Quant à l'originalité de l'invention, il est supérieur au Dominiquin et à tous les peintres de la même école; et, selon Mengs, il l'emporte sur tous les autres maîtres pour l'imitation des figures de femmes. Le Passeri vante aussi le rare talent qu'il eut pour peindre le paysage, et remarque que là même où les autres, pour accorder les figures avec les teintes des arbres, ou les diverses parties des paysages entre elles, altèrent souvent la couleur véritable des choses; il imite toujours avec précision la verdure des arbres, la transparence des eaux, la sérénité de l'air sous leur aspect le plus riant et le plus vrai, et les lie ensemble par le charme de la plus douce harmonie. C'est par des fonds de cette espèce qu'il développe et qu'il enrichit la plupart de ses compositions, quoiqu'il se serve parfois de l'architecture, dans laquelle il n'était pas moins habile.

L'Albane traita de préférence les sujets gracieux, dans lesquels les femmes, les enfans, la verdure, rivalisent de grâce et de vérité avec la fraîcheur, l'originalité, disons le poëtique de ses idées. Dans ses compositions du genre sacré, son goût est le même : il fait tout exécuter par des Anges. Ainsi, dans les sujets relatifs à la Vierge, il introduit des groupes de ces esprits célestes pour la servir, former son cortège; quand il a représenté Jésus enfant, il lui fait lever les yeux vers le ciel et regarder les Anges qui tiennent les instrumens de sa passion à venir. Quoi qu'il ait peint de préférence des tableaux de petite dimension, il a fait pour les Églises beaucoup de grandes compositions tant à l'huile qu'à fresque, qui toutes soutiennent sa réputation. Plusieurs même lui firent infiniment d'honneur, et de ce nombre est le tableau dont nous donnons la gravure. Il le peignit pour l'autel Armenini, à Saint-Favien et Saint-Sébastien de Bologne, où tous les artistes qui visitoient l'Italie alloient l'admirer. Cochin a remarqué qu'il est traité d'une manière beaucoup plus grande que la plupart de ses compositions du genre noble.

Ce tableau fait aujourd'hui partie du Musée de Bologne, il a été gravé par Fr. *Rosaspina*.

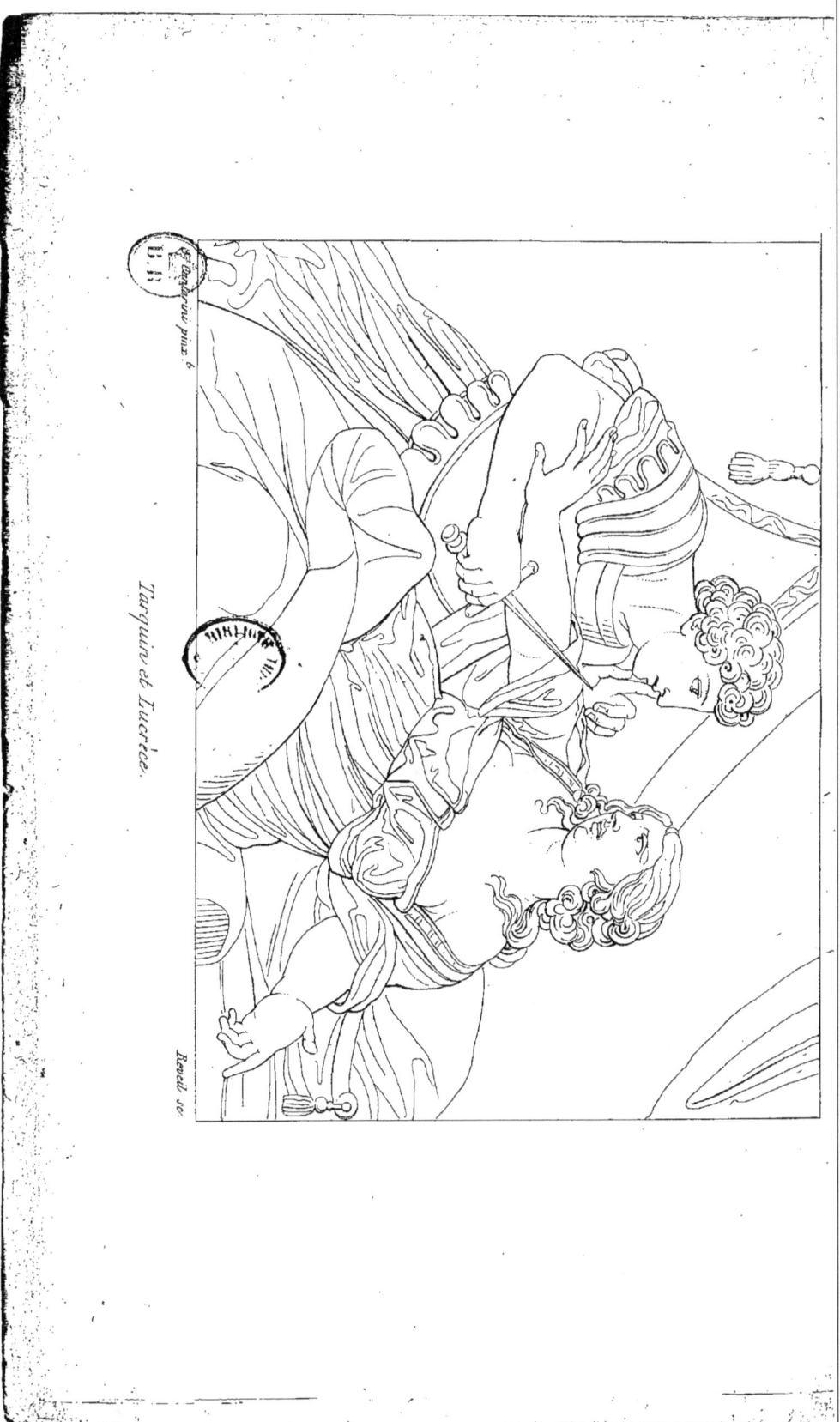

Tarquin et Lucrèce.

Simon Cantarini, dit le Pesarèse. École Bolonaise.

1618. ~~~~~~~~~~~~~~~~~ 1648.

TARQUIN ET LUCRÈCE.

Tableau de la Galerie impériale du Belvédère à Vienne.

Sur toile. Largeur 4 pieds 5 pouces, hauteur 3 pieds 4 pouces.

Lucrèce, dame romaine, célèbre par sa beauté, sa vertu et sa fin tragique, étoit femme de Collatin, proche parent de Tarquin-le-Superbe. Outragée dans ce qu'elle avoit de plus cher, sa réputation, par Sextus, l'aîné des fils de Tarquin, elle se donna la mort et fut la première cause, par la vengeance que ses parens tirèrent de l'affront qu'elle lava de son propre sang, de l'expulsion des rois et de l'établissement de la république. Ce fait est raconté de la manière suivante, par la plupart des historiens : Pendant le siége d'Ardrée, un soir que Sextus avoit réuni dans sa tente, pour souper, ses deux frères et Collatin, la conversation s'engagea, vers la fin du repas, sur la beauté et le mérite de leurs femmes. Comme il est d'ordinaire, chacun fit le plus grand éloge de la sienne. Collatin soutint que Lucrèce l'emportait sur toutes les autres, et pour en convaincre l'assemblée, il proposa à Sextus de monter à cheval et d'aller la surprendre. Ils arrivèrent au milieu de la nuit, et trouvèrent Lucrèce entourée de ses femmes, occupée à des ouvrages de son sexe. L'éclat de ses charmes, qu'augmentait encore son embarras à la vue d'un étranger, fit sur le cœur de Sextus une vive impression, qu'il sut dissimuler. Quelques jours après il s'échappa du camp et revint pendant la nuit à Collatie, où il fut reçu par Lucrèce avec les égards qu'elle croyait devoir à son rang. Après le souper, on conduisit Sextus dans la chambre qu'il devoit occuper ; mais, dès que les domestiques se furent retirés, il en sortit, tenant son épée nue, et parut devant Lucrèce, à qui il declara son amour dans les termes les plus passionnés : voyant qu'elle étoit inébranlable, il la menaça de la tuer et de placer dans son lit le corps d'un esclave, afin de faire croire qu'il l'avoit surprise en adultère. La crainte du déshonneur fit céder Lucrèce; mais dès que Sextus fut parti, elle fit appeler son père et son mari, qui vinrent accompagnés de Valérius Publicola et de Brutus. Après leur avoir raconté ce qui s'était passé, elle les conjura de ne point laisser un tel attentat impuni, et s'enfonça dans le cœur un poignard qu'elle avoit caché sous sa robe. Brutus retira de la plaie le poignard tout sanglant, et fit jurer au père de Lucrèce et à Collatin de chasser les Tarquins de Rome.

L'élève, l'émule du Guide se fait reconnoître dans le charmant tableau où le Cantarini a représenté Tarquin imposant silence à Lucrèce par son infâme menace. La tête de l'héroïne est admirable et pleine de sentiment; celle de Tarquin respire le libertinage et la scéleratesse, et son expression paraît même un peu outrée pour être celle d'un prince du sang royal. Le coloris de ce tableau est vigoureux, les chairs ont poussé au rouge.

Pour faire pendant à sa Lucrèce, le Cantarini a peint la chasteté de Joseph : ce dernier tableau se voit dans la galerie de Dresde, nous en avons donné le trait dans notre sixième livraison. Son tableau de Lucrèce n'a point été gravé.

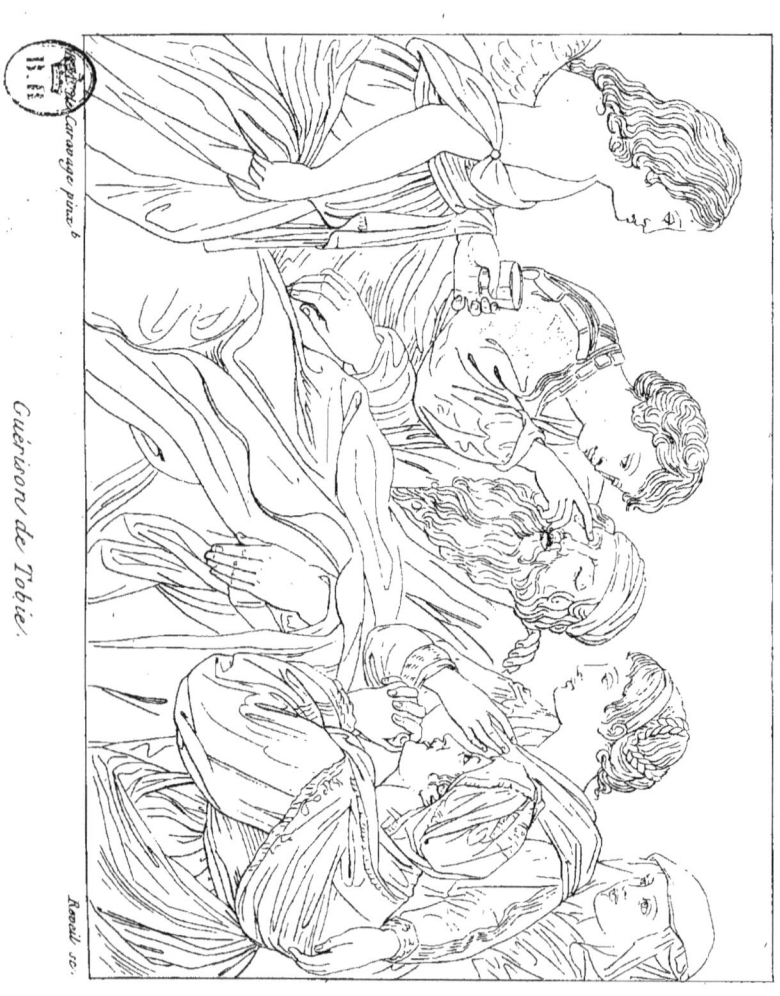

Guérison de Tobie.

M. A. Amerighi, dit le Caravage. École Romaine.

1569. ~~~~~~~~~~~~~~~~~~~~~~ 1609.

GUÉRISON DE TOBIE.

Tableau de la Galerie impériale du Belvédère à Vienne.

Sur toile. Largeur 5 pieds 2 pouces, hauteur 4 pieds 1 pouces.

 Michel-Ange Amerighi fut un de ces hommes nés avec le génie de la peinture, et à qui il n'a manqué, pour devenir supérieurs dans toutes les parties de leur art, qu'une éducation bien dirigée. Occupé dans son jeune âge, comme Polydore son compatriote, à porter la chaux et le mortier qui s'emploient pour les enduits des fresques, le Caravage prit peu à peu le goût pour la peinture, et, sans avoir travaillé dans aucune école particulière, ni étudié l'antique, et en ne suivant uniquement que la nature, il devint peintre de mérite, et fut un de ceux qui portèrent le premier coup aux maniéristes dont l'école romaine étoit peuplée au commencement du xviie siècle. Il les ramena de l'afféterie à la vérité, tant dans les formes que dans le coloris.

 Ayant fait à Milan ses premiers essais en peinture, et étant allé ensuite à Venise pour y étudier le Giorgion, il eut, dès le principe, cette douceur d'ombre qu'il avoit prise chez ce grand coloriste. On recherche principalement les peintures qu'il exécuta dans cette manière; les teintes en sont si naturelles, qu'elles ne le cèdent point en vérité à celles du Giorgion. C'est en voyant un tableau de cette espèce, qu'Annibal Carrache dit que le Caravage *broyait la chair*. Le Guerchin et le Guide l'admirèrent et profitèrent de ses exemples; mais le Caravage, entraîné par son naturel sombre et mélancolique, se mit à peindre des sujets peu éclairés et fort chargés d'ombres. Dès lors ses figures parurent habiter des souterrains et ne recevoir qu'une faible lumière venant d'en haut. C'est ce qui fait que ses fonds sont presque tous ténébreux, que ses personnages posent sur un seul plan et qu'il n'y a aucune dégradation dans ses peintures. Cependant elles charment le spectateur par le grand effet qui résulte de ce contraste d'ombre et de lumière. Il ne faut chercher dans ses ouvrages ni correction de dessin, ni choix de beauté. Il ne faisait aucun cas des études auxquelles s'adonnent les peintres pour ennoblir une expression de tête, ou pour représenter une belle draperie, ou imiter une statue antique. Le beau pour lui n'étoit que le vrai, quel qu'il fût; et, peu scrupuleux dans le choix de ses modèles, il donnoit à un héros, à un saint, la figure ignoble d'un paysan, d'un porte-faix. Il poussa si loin ce ridicule, qu'on fut obligé de faire disparaître son tableau de la mort de la Vierge placé dans l'église *Santa-Maria della Scala* à Rome, où il avoit représenté le corps de la mère de Jésus si ridiculement enflé, qu'il sembloit avoir pris pour modèle le cadavre d'une femme noyée.

Son tableau de la Guérison de Tobie est en quelque sorte le type de ses autres productions : on y trouve les beautés et les défauts qui constituent sa manière. Les têtes en sont d'une grande vérité, mais peu nobles et peu expressives; il faut en excepter cependant celles de Tobie et de son fils qui sont belles; les attitudes sont naturelles, mais mal choisies; l'effet général est vigoureux, le fond obscur, les ombres fortes; enfin la lumière qui vient du haut procure des effets de clair obscur bien rendus, et la touche est partout fière et savante.

Ce tableau a été gravé à la manière noire par J. *Maennel*.

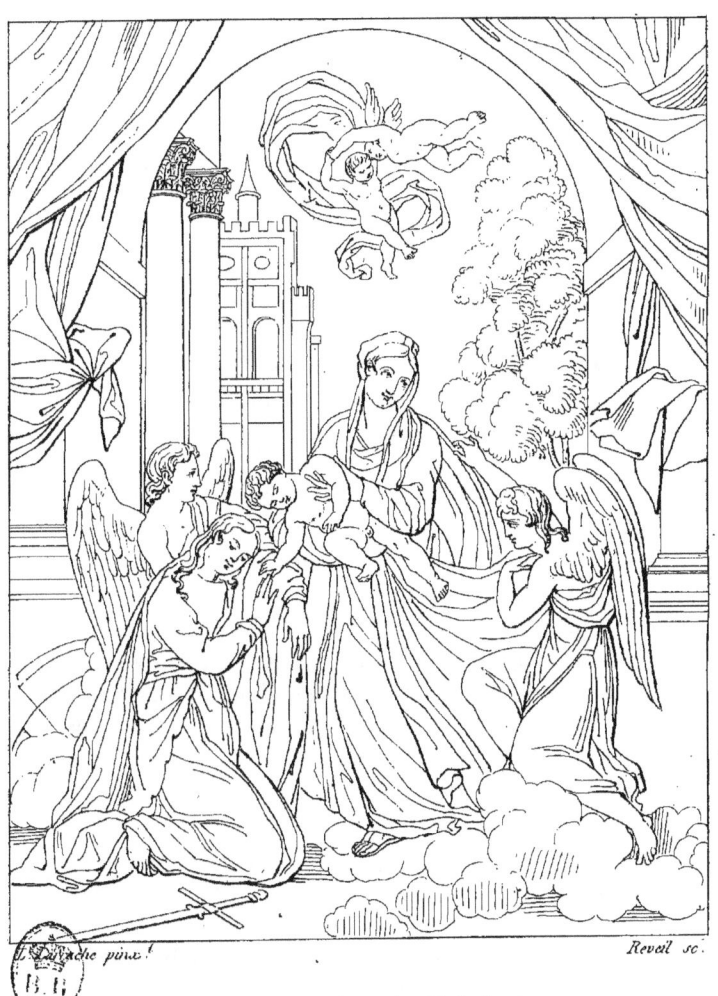

Mariage mystique de S.te Catherine.

Louis Carrache. École Bolonaise.
1555. ~~~~~~~~~~~~~~~~~~~~~~~~~~ 1619.

MARIAGE MYSTIQUE DE SAINTE-CATHERINE D'ALEXANDRIE AVEC L'ENFANT JÉSUS.

Tableau de la Galerie de Lucien Bonaparte.

Peint sur cuivre, figures de petite proportion.

Les tableaux qui représentent l'union de Sainte-Catherine avec l'enfant Jésus n'ont pour fondement qu'une pieuse tradition, ou, pour mieux dire, n'ont qu'un sens emblématique, par lequel on a voulu faire entendre que cette Sainte s'est unie au fils de Dieu, en souffrant le martyre pour l'amour de lui. Selon l'opinion la plus générale, sainte Catherine étoit d'une naissance illustre et possédoit de vastes connoissances. Son attachement au christianisme lui attira les persécutions de Maximin II, qui ordonna son supplice. Elle fut liée sur une machine composée de plusieurs roues garnies de pointes aiguës; mais les cordes s'étant rompues, on lui trancha la tête. Cet événement, qui eut lieu vers l'an 310, dut se passer dans la ville d'Alexandrie.

Dans le tableau de Louis Carrache, la Sainte est caractérisée par un fragment de la roue brisée, et le glaive instrument de son martyre, aussi bien que par la richesse de son costume. Elle est à genoux et élève la main vers celle que lui tend l'enfant Jésus, placé dans les bras de sa mère. Deux Anges, descendus sur des nuages, sont témoins de cette union sainte. La scène se passe sous un portique d'architecture, orné de larges draperies, et au travers duquel on voit un bout de paysage et quelques monumens. Dans la partie supérieure planent deux Anges qui s'élèvent vers le ciel.

Cette composition, beaucoup plus riche que celles, en très-grand nombre, qui représentent le même sujet, se distingue par la grâce des attitudes, la simplicité et la finesse des expressions, la savante répartition de la lumière et son effet général, qui rappelle, d'une manière avantageuse, l'école célèbre d'où elle est sortie. Louis Carrache a exécuté peu de tableaux de chevalet : la belle conservation de celui-ci lui donne un nouveau prix.

Il n'a point été gravé.

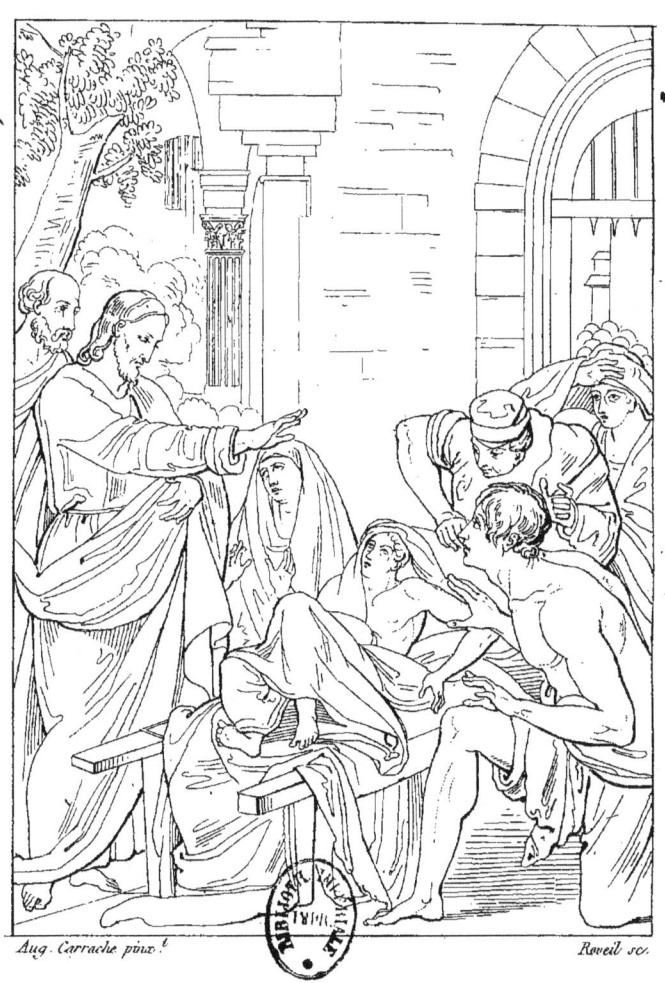

Jésus ressuscite le fils de la veuve de Naïm.

Aug. Carrache. École Bolonaise.

1558. ~~~~~~~~~~~~~~~~~~~~~~~~~ 1601.

JÉSUS RESSUSCITE LE FILS DE LA VEUVE DE NAÏM.

Tableau de la Galerie de Lucien Bonaparte.

Peint sur toile, figure de grandeur naturelle.

Comme Jésus alloit de Capharnaüm à la ville de Naïm, suivi de ses disciples et d'une grande foule de peuple, il arriva qu'on portoit en terre le fils unique d'une veuve. Jésus ayant été ému des larmes de cette mère qui accompagnoit le cercueil, s'approcha d'elle, lui dit : Ne pleurez point, ordonna au mort de se lever, ce que celui-ci fit à l'instant, et rendit ainsi le fils à sa mère. Tel est le sujet du tableau d'Augustin Carrache, dont nous avons à nous occuper.

Ce qu'on y admire au premier aspect, est la sagesse de la composition et une variété d'expression digne des plus grands éloges. La figure de la veuve, par sa noblesse, sa beauté, le mélange de tristesse et de confiance dont ses traits sont empreints, forme un contraste heureux avec les physionomies des gens du peuple, qui expriment avec franchise la curiosité, le respect, l'admiration au moment où Jésus, après avoir dit à la mère de ne point pleurer, élève la main et ordonne au jeune homme de se lever. Toute la personne du Christ est d'une noblesse de pose, d'action, d'expression, qu'on ne sauroit trop considérer, et la manière grande et large dont elle est drapée ajoute encore à sa perfection. Fidèle au grand principe de l'école des Carrache, qu'on doit toujours simplifier la composition autant que possible et en supprimer toutes les figures qui n'y sont pas rigoureusement nécessaires, Augustin n'a fait voir que la tête d'un des disciples du Christ qui furent tous présens à ce miracle, et, du grand concours du peuple au milieu duquel il s'opéra, il n'admit que trois personnages : les deux qui portoient le brancard et un autre. Cette sobriété de figures dans un sujet qui en comportait un grand nombre est une nouvelle preuve de l'excellence du jugement des fondateurs de l'école Bolonaise. Rien ici ne distrait le spectateur de la sublimité de la scène représentée, et, sous le rapport des plus nobles parties de l'art : le dessin et l'expression, Augustin a prouvé que le cadre le plus exigu pouvoit offrir un grand nombre de beautés et de perfections. Il n'est pas une figure de ce tableau qui ne mérite des éloges; le coloris seul est sans attrait. En général, la couleur des Carrache manque d'éclat et de vérité, quoiqu'ils aient fait une étude toute particulière des peintres lombards et vénitiens.

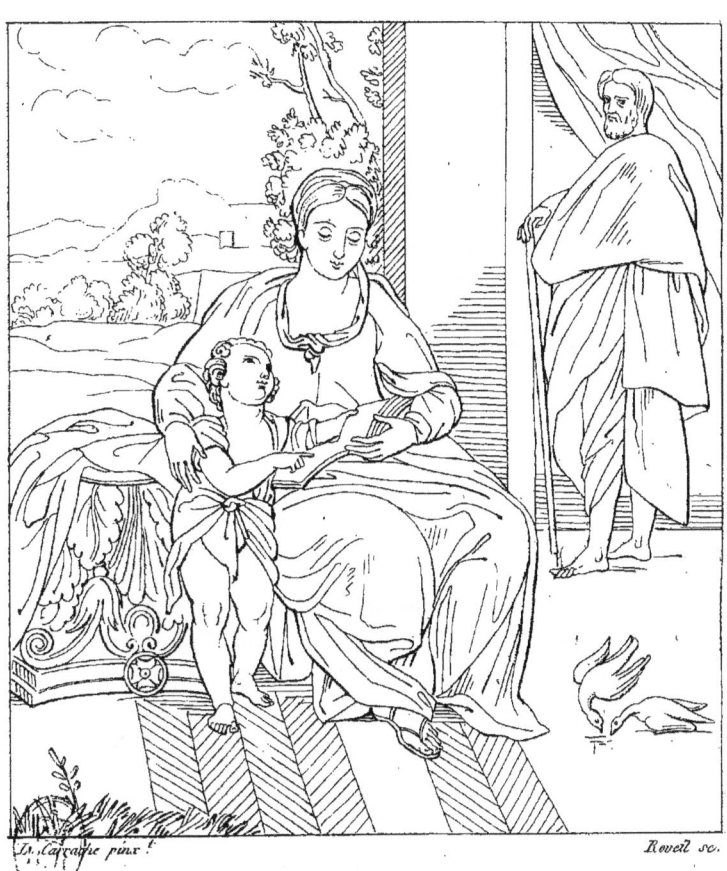

La Vierge, Jésus et St Joseph.

Louis Carrache. *École* Bolonaise.

1555. ~~~~~~~~~~~~~~~~~~~~~~~~~~~~~ 1619.

LA VIERGE, L'ENFANT JÉSUS ET SAINT-JOSEPH.

Tableau du Cabinet de M. Städel, à Francfort-sur-Mein.

Si les airs de tête de ce tableau, et principalement celle de la Vierge qui fixe un passage que lui montre l'enfant Jésus, dans le livre des Saintes Écritures qu'elle tient sur ses genoux; si son coloris, un peu terne, que le temps a noirci encore, rappellent la manière de Louis Carrache; on ne retrouve ce maître, ni dans la disposition de l'ensemble de la composition, ni dans le choix des accessoires; et, quoique cette production ne soit point indigne de lui sous plus d'un rapport, nous doutons de son authenticité, et nous ne balançons point à l'attribuer à quelque élève de l'école, si fertile en grands peintres, que les Carrache établirent à Bologne, et qui sauva l'art d'une décadence certaine.

Une opinion presque généralement reçue veut que les hommes qui se sont distingués par leur talent aient reçu du ciel une destination particulière. Quelques écrivains, d'un sentiment contraire, ont voulu prouver que tous les hommes naissent avec une égale aptitude aux sciences et aux arts; que le concours des circonstances développe le germe des talens, et que le travail les mûrit et les perfectionne. Parmi les peintres, Raphaël vient à l'appui de la première assertion; Louis Carrache de la seconde. Prosper Fontana, le premier maître de Louis, trouva dans son élève si peu de dispositions pour la peinture, qu'il fit ce qu'il put pour l'en détourner. Le Tintoret, que celui qui devoit un jour régénérer l'art, consulta à Venise après être sorti par dégoût de l'école du Fontana, n'eut pas d'autre pensée, et conseilla même à Louis Carrache, d'embrasser une autre profession. Cependant, à force de travail, d'application, et d'étudier les grands maîtres qui l'avoient précédé, il devint tellement habile, qu'après Raphaël et le Corrège, il n'est peut être pas de peintre qui lui soit supérieur, ou, du moins, qui ait réuni à un degré aussi éminent un plus grand nombre des parties constitutives de l'art. Si cet exemple, et celui du Dominiquin, dont les premières études annonçoient si peu ce qu'il deviendroit un jour, démontre qu'on peut être peintre sans vocation particulière; il n'en reste pas moins constant, que sans l'exercice habituel de ses facultés, sans une étude continue des grands maîtres, le poëte ou l'artiste, quel que soit le brillant de leur imagination, ne produiront que des ouvrages incorrects et souvent bizarres; et que l'homme privé des dons de la nature n'obtiendra du travail le plus opiniâtre, que des productions dénuées de chaleur, de grâce et d'énergie.

Ce tableau n'a point été gravé.

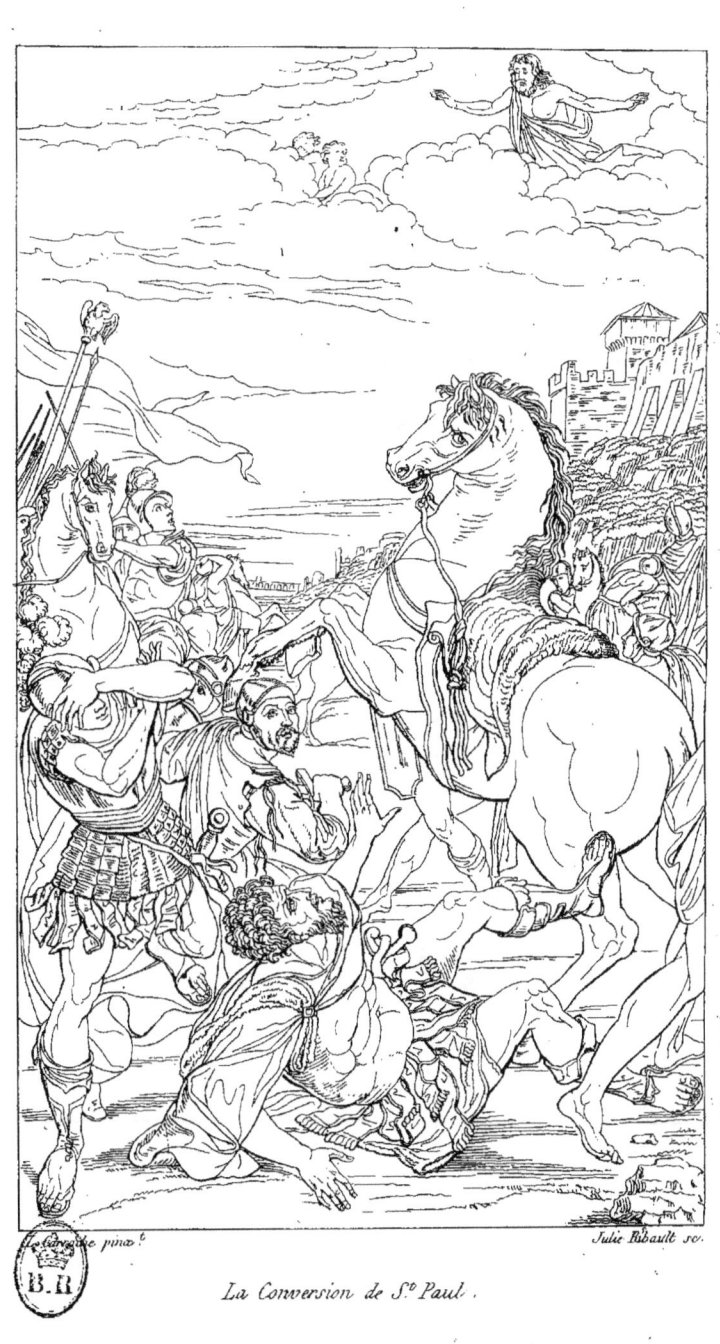

La Conversion de S.t Paul.

Louis Carrache. École Bolonaise.

1555. ~~~~~~~~~~~~~~~~~~~~~~~~~~~~~~~~ 1619.

LA CONVERSION DE SAINT PAUL.

Tableau de la Galerie de Bologne.

Hauteur 8 pieds 4 pouces, largeur 5 pieds 2 pouces.

Saint Paul (ou Saul), l'apôtre des Gentils, né à Tarse, en Cilicie, deux ans avant Jésus-Christ, fut d'abord zélé observateur de la loi judaïque, et suscita aux chrétiens de violentes persécutions. Ne respirant que le sang et le carnage, il obtint des lettres du grand prêtre des Juifs pour aller en Syrie rechercher les nouveaux croyans et les mener chargés de chaînes à Jérusalem; mais, comme il étoit sur le chemin de Damas, et au pied des montagnes qui avoisinent la ville, une vision soudaine, le frappant d'un éclat céleste, lui fit entendre ces paroles : *Saul, Saul, pourquoi me persécutes-tu?* et lui montra en même temps Jésus-Christ qui l'éclairait et l'appelait à la foi. Ceux qui accompagnoient Saul, étonnés du prodige, car ils furent éblouis par la lumière du ciel et entendirent parler sans voir personne, s'arrêtèrent tout court. Saul qui avait été atterré et aveuglé fut relevé; on le conduisit à Damas, où un disciple de Jésus, Ananie, lui imposa les mains, éclaircit sa vue, et le baptisa l'an 35 de Jésus-Christ.

L'inspection du trait gravé, qui accompagne cet article, suffit pour faire apprécier avec quel bonheur Louis Carrache a rendu ce sujet, et trouvé moyen, dans un cadre fort resserré, de réunir tout ce qui devoit faire assister le spectateur à la scène qu'il a voulu lui retracer. Saint Paul, tombé à terre, regarde le ciel où Jésus-Christ lui apparaît; son coursier, que l'éclat de la lumière épouvante, se cabre et détourne la tête pour s'en garantir; les soldats qui l'accompagnent sont diversement émus par le prodige dont ils sont témoins; l'un, sur le premier plan, s'enfuit vers le spectateur en portant sa main au-dessus de ses yeux pour tempérer l'éclat de la lumière qui l'éblouit; un autre, effrayé, a saisi son épée comme pour se mettre en garde contre le danger qu'il croit prochain; mais, surpris par la voix qui frappe son oreille, il écoute et suspend son action. Les groupes qui occupent les autres plans du tableau ne sont pas moins animés et variés : l'on voit dans le lointain les murs de Damas.

Ce tableau, que le temps a beaucoup noirci, passe pour une des plus belles productions qu'il y ait de son auteur à Bologne, où sont ses ouvrages les plus capitaux. La composition, l'effet général, quoiqu'un peu gris, sont admirables, et sous le rapport du dessin, de l'expression et de la répartition de la lumière, il mérite toute l'attention des artistes.

Cette peinture se voyoit dans l'église Saint-François de Bologne, au-dessus de l'autel de la chapelle Zambeccari. Elle a été gravée par *Trabalesi*, et, depuis peu, par G. *Tomba*.

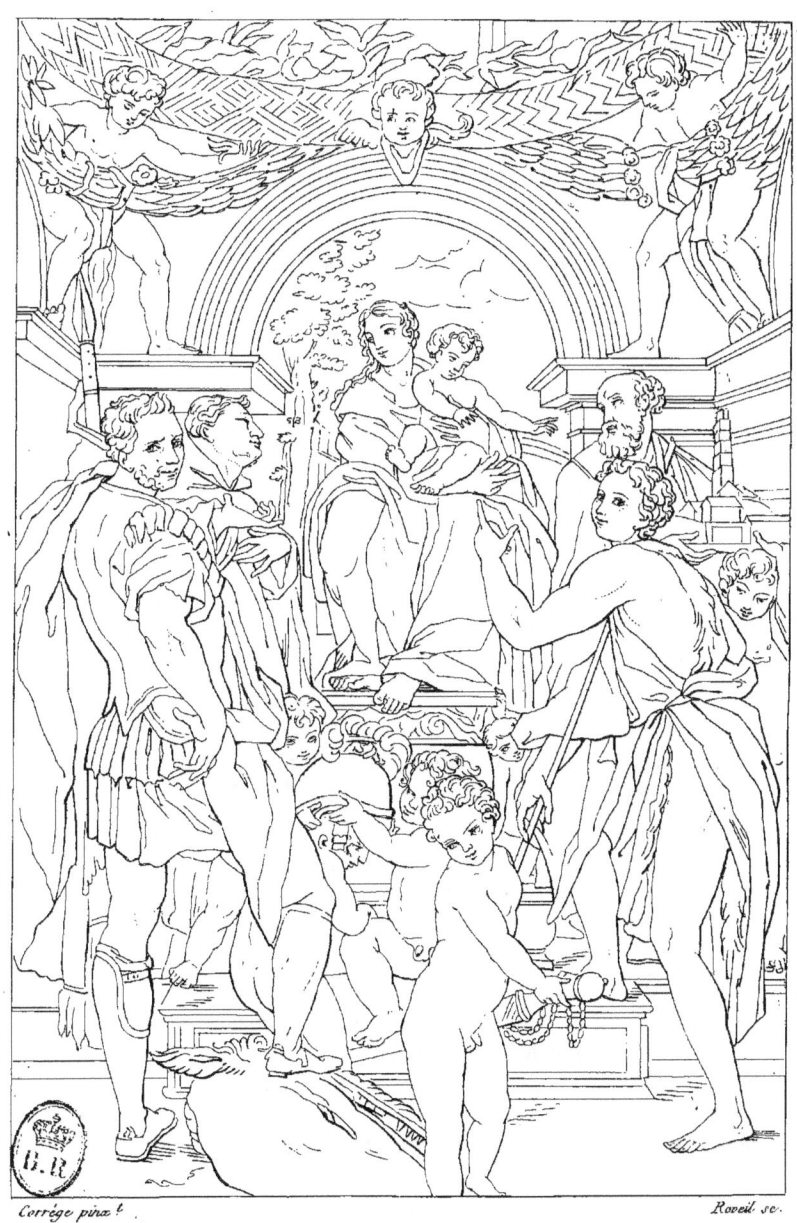

Corrège pinx.t   Reveil sc.

La Vierge et Jésus, S.t George, S.t Pierre, S.t Jean Baptiste et S.t Géminien.

Ant. Allegri dit le Corrège. École de Parme.

1494. ~~~~~~~~~~~~~~~~~~~~~~~~~~~~~ 1534.

LA VIERGE ET JÉSUS, S. GEORGE, S. PIERRE MARTYR, S. JEAN-BAPTISTE ET S. GÉMINIEN.

Tableau de la Galerie de Dresde, dit le Saint-George, le jour du Corrège.

Peint sur bois; hauteur 10 pieds 1 pouce, largeur 6 pieds 8 pouces.

La Vierge, tenant son fils dans ses bras, est assise sur une espèce de trône, ou de piédestal soutenu par deux enfans supposés d'or. A ses côtés on voit saint George, saint Jean-Baptiste, saint Géminien et saint Pierre martyr. Ce dernier est dans une attitude suppliante; saint Géminien présente à l'enfant Jésus, qui tend les bras pour le recevoir, le modèle d'une église soutenu par un petit Ange d'une beauté céleste. Il est impossible, dit Mengs, d'exprimer avec quelle grâce et quelle douceur est conçu, dessiné et peint l'enfant Jésus. Saint Jean-Baptiste est représenté à l'âge de dix-huit ans, sans doute pour contraster avec les autres figures et donner plus de grâce à la composition. Il est dessiné avec une merveilleuse intelligence du nu, et l'anatomie en est bien étudiée et rendue avec cette grâce particulière au Corrège. Il tourne la tête vers le spectateur, en montrant de la main droite l'enfant Jésus, et semble dire : voici l'agneau de Dieu. Saint George, le dos à moitié tourné, est du plus grand et du plus beau style héroïque qu'on puisse imaginer. Ce tableau, que Vasari dit avoir été peint pour la confrérie de saint Pierre martyr à Modène, est d'un grand fini, d'une morbidesse extraordinaire, d'un bel empâtement, et, en général, d'un très-bon goût. Les figures sont dans de belles attitudes, le dessin est d'un grand caractère; les draperies sont bien raisonnées, et le tout est exécuté avec vigueur; mais la composition en est interrompue et dispersée. On sait que le Corrège a pris toutes les parties de ce tableau dans la nature et en a fait de petits modèles d'après lesquels il a copié les parties qu'il avoit choisies du clair obscur, comme on le remarque, surtout dans les enfans qui jouent avec le casque et l'épée de saint George; qui, se trouvant dans l'ombre de ce Saint, ont tous les accidens de lumière que l'on ne peut observer que par des modèles, parce qu'il n'est pas possible que des enfans restent assez long-temps tranquilles pour faire de pareilles observations.

Par opposition au célèbre tableau de la *Nuit* du même maître, autrement dit la Nativité, dans lequel la lumière part du même point, celui de saint George a été nommé le *Jour*, parce que la lumière y est beaucoup plus répandue que dans la plupart des autres productions du Corrège. Autrefois l'architecture qui lui sert de fond se liait avec une ordonnance de deux colonnes d'ordre dorique et leur entablement couronné d'un fronton, ainsi que cela est indiqué sur un dessin originel du maître que posséda Mariette; on ne peut douter que cet encadrement ne produisît un bien meilleur effet que la bordure dorée qui entoure aujourd'hui cette peinture. En cela, l'on reconnoît l'esprit du peintre, qui, dans la composition de ses tableaux, avoit toujours égard aux places pour lesquelles il savoit qu'ils étoient destinés.

Ce tableau est du nombre de ceux qui passèrent de Modène à Parme. Il a été gravé par Chr. *Bertelli*, J. M. *Giovanni* de Bologne, G. M. *Mitelli* son compatriote; N. D. *Beauvais*, élève de J. Audran.

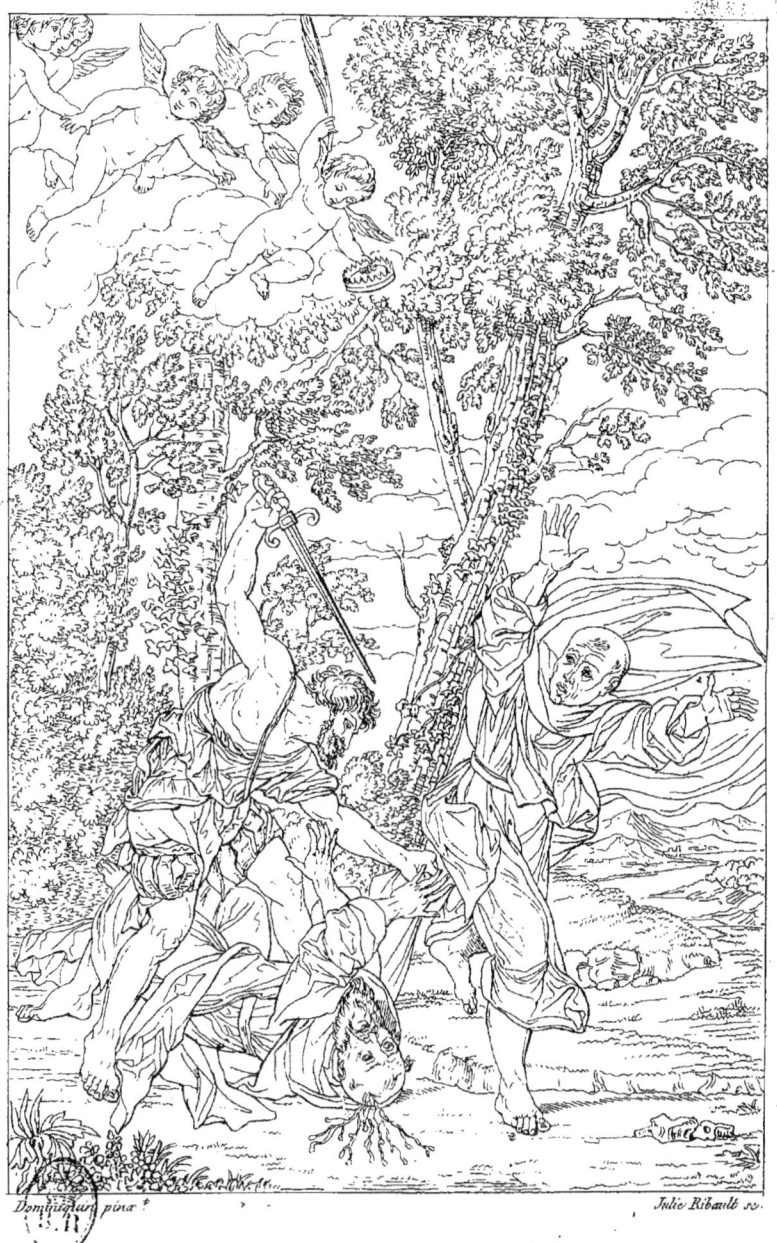

Martyre de S.t Pierre.

Dominique Zampieri, dit le Dominiquin.
École Bolonaise.

1581. ⌇⌇⌇⌇⌇⌇⌇⌇⌇⌇⌇⌇⌇⌇⌇⌇⌇⌇ 1641.

MARTYRE DE SAINT PIERRE, ÉVÊQUE.

Tableau de la Galerie de Bologne.

Sur toile, hauteur 10 pieds 9 pouces, largeur 7 pieds 2 pouces.

Saint Pierre d'Alexandrie, qui occupa le siége épiscopal de cette ville, après la mort de Théonas, l'an 300 de notre ère, gouverna son église avec une sainteté exemplaire, et montra autant de courage que de prudence pendant la violente persécution de Dioclétien et de ses successeurs. Obligé de se cacher pour se soustraire au danger, il fut néanmoins surpris et arrêté sous le règne de Galère Maximien; mais il recouvra bientôt sa liberté. Enfin, Maximin Daza, César d'Orient, fit arrêter le saint évêque à Alexandrie et le condamna à mort sans observer aucune formalité. Les prêtres Fauste, Bion et Ammonius furent décapités avec leur pasteur.

C'est de cette légende qu'est tiré le sujet du tableau qui nous occupe. A l'entrée d'une forêt, et sur le premier plan, un brigand, après avoir renversé Saint Pierre Dominicain, le frappe d'un glaive; près de là, un moine de son ordre fuit effrayé. On aperçoit dans le haut du tableau cinq Anges, dont l'un apporte au Saint la couronne et la palme du martyre.

Il y a une singulière ressemblance entre ce tableau et celui où le Titien peignit le même sujet pour l'église de Saint Jean et Saint Paul à Venise, et que l'on a vu au Musée du Louvre, antérieurement à 1814. L'action est absolument la même, quoiqu'elle soit dénuée de vérité historique et qu'elle ressemble bien plus à un assassinat qu'au martyre d'un saint évêque. Les attitudes sont à peu près les mêmes dans les deux compositions; seulement le bourreau, qu'on voit ici de face, est vu par derrière dans le tableau du Titien, et le saint martyr, que le Dominiquin a représenté renversé sur le dos, et se servant à la fois de ses deux mains pour parer le coup qu'on lui porte, est, chez le Titien, appuyé sur l'un de ses coudes et se défend de l'autre main; il n'y a pas non plus de différence bien sensible dans la disposition du paysage. En un mot, l'analogie est telle entre les deux tableaux, qu'il est impossible de ne pas prendre celui du Dominiquin pour une réminiscence, une espèce de contre-épreuve de celui du Titien. Il faut convenir, toutefois, que l'imitation n'est point heureuse, et que le Zampiéri, dans cette circonstance, n'a pas légitimé son plagiat comme il l'a fait quand il s'est aidé d'une composition d'Augustin Carrache pour exécuter sa célèbre Communion de Saint Jérôme. Sous le rapport de la force de l'expression, et de la vérité d'action du bourreau, le copiste n'est point resté au-dessous de son modèle; on pourrait même dire qu'il l'a surpassé : mais, en général, ses figures sont lourdes et d'une trop forte proportion pour le cadre; sa couleur, que le temps a désaccordée et noircie, ne peut et n'a probablement jamais pu être comparée à celle du tableau du Titien, où ce maître s'est montré supérieur à lui-même; et l'effet général, si prodigieux, si terrible chez le Titien, manque ici de grandeur et de majesté.

Ce tableau, jusqu'alors peu connu, est tiré de l'église des religieuses de *Brisigella*; il a été gravé par Fr. *Rosaspina* de Bologne.

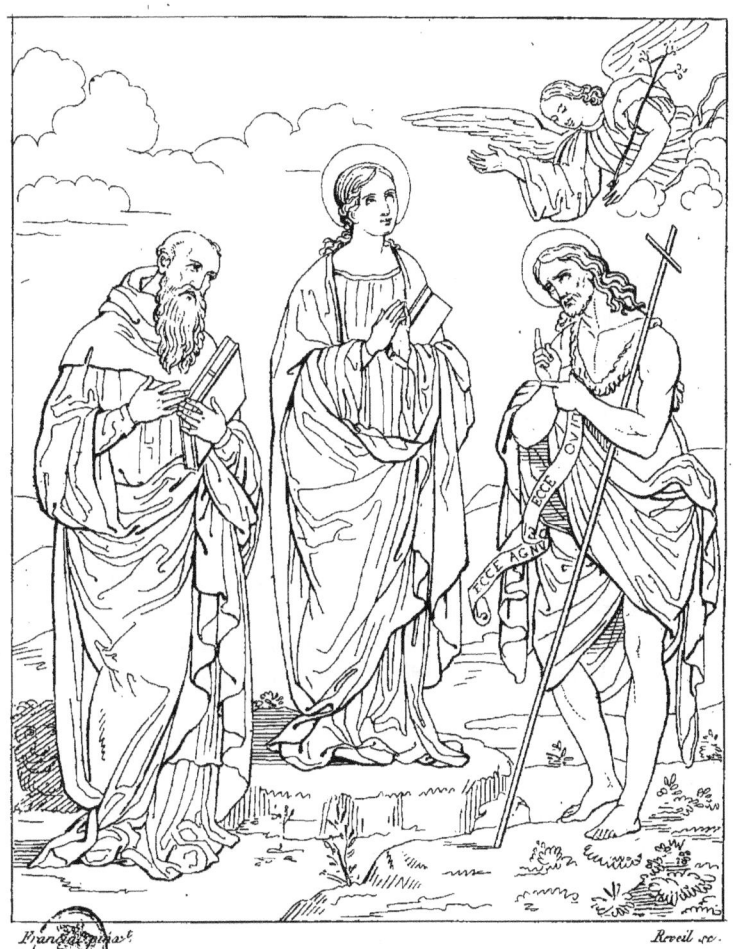

L'Annonciation.

Francesco Raibolini, dit Francia. École Bolonaise.

1450. ~~~~~~~~~~~~~~~~~~~~ 1533.

ANNONCIATION.

Tableau de la Galerie de Bologne.

Peint sur bois, hauteur 5 pieds 2 pouces, largeur 4 pieds 6 pouces.

Il est rare de voir une composition plus bizarre que celle de ce tableau, où le Raibolini a représenté, au milieu de Saint Jérôme et de Saint Jean-Baptiste, la Vierge, debout comme eux, un livre sur le bras, les deux mains jointes, écoutant la voix d'un Ange ailé, vêtu d'une grande tunique, et sortant d'un des coins du tableau, pour lui annoncer qu'elle sera mère du Rédempteur du genre humain.

Pour expliquer et pour excuser jusqu'à un certain point cette singulière réunion de personnages et leur disposition symétrique, il faut se rappeler que, vers la fin du 14e siècle, lorsque l'architecture se débarrassoit du genre gothique, ou allemand, les ornemens des autels ne se composoient, pour la plupart, que de tableaux divisés en compartimens par de petites colonnes sculptées en bois, qui figuroient la façade d'un édifice gothique (1); que ce ne

(1) Le tableau de Raphaël, n° 1126 du Catalogue du Musée du Louvre en 1810, peut donner une idée de ce genre d'ornement qu'on appelait *ancone* : il représente la Salutation angélique, l'Adoration des rois, la Présentation au temple. Ces trois sujets ne sont séparés entre eux que par des arabesques peints sur le fond. Ils ornoient, dans l'église de Saint François, à Pérouse, un retable d'autel, au-dessus duquel étoit placée une Assomption de la Vierge, ou pour mieux dire, la Vierge couronnée par son fils dans le ciel, tandis que les apôtres, restés autour du sépulcre rempli de fleurs, la contemplent avec admiration.—Raphaël n'avoit que 17 ans quand il exécuta ces peintures pour madame Madelaine *degli Oddi.*

fut que peu à peu qu'on supprima ces petites colonnes, que les figures s'agrandirent et que naquirent enfin les tableaux d'autels. Originairement ces ornemens, préparés dans la boutique de l'ouvrier en bois, étoient l'objet principal; les places réservées pour la peinture avoient rarement quelque étendue, et l'artiste, le plus souvent, ne pouvoit y placer qu'une seule figure. De là, l'usage ancien de peindre sur bois plutôt que sur toile; de là la mauvaise habitude de mettre ensemble plusieurs Saints qui ne concourent point à une même action, qui n'ont rien à se dire, qui sont censés ne pas se voir.

L'Annonciation du Raibolini se distingue par des têtes d'une grande naïveté, des draperies ajustées avec goût et rendues avec beaucoup de soin. Le dessin en est grêle, surtout dans la figure de Saint Jean. Ce tableau est tiré de l'église Saint Jérôme de Miramonte; il a été gravé dans ces dernières années par G. *Rosaspina* de Bologne.

Les tableaux de ce maître sont rares et d'un grand prix.

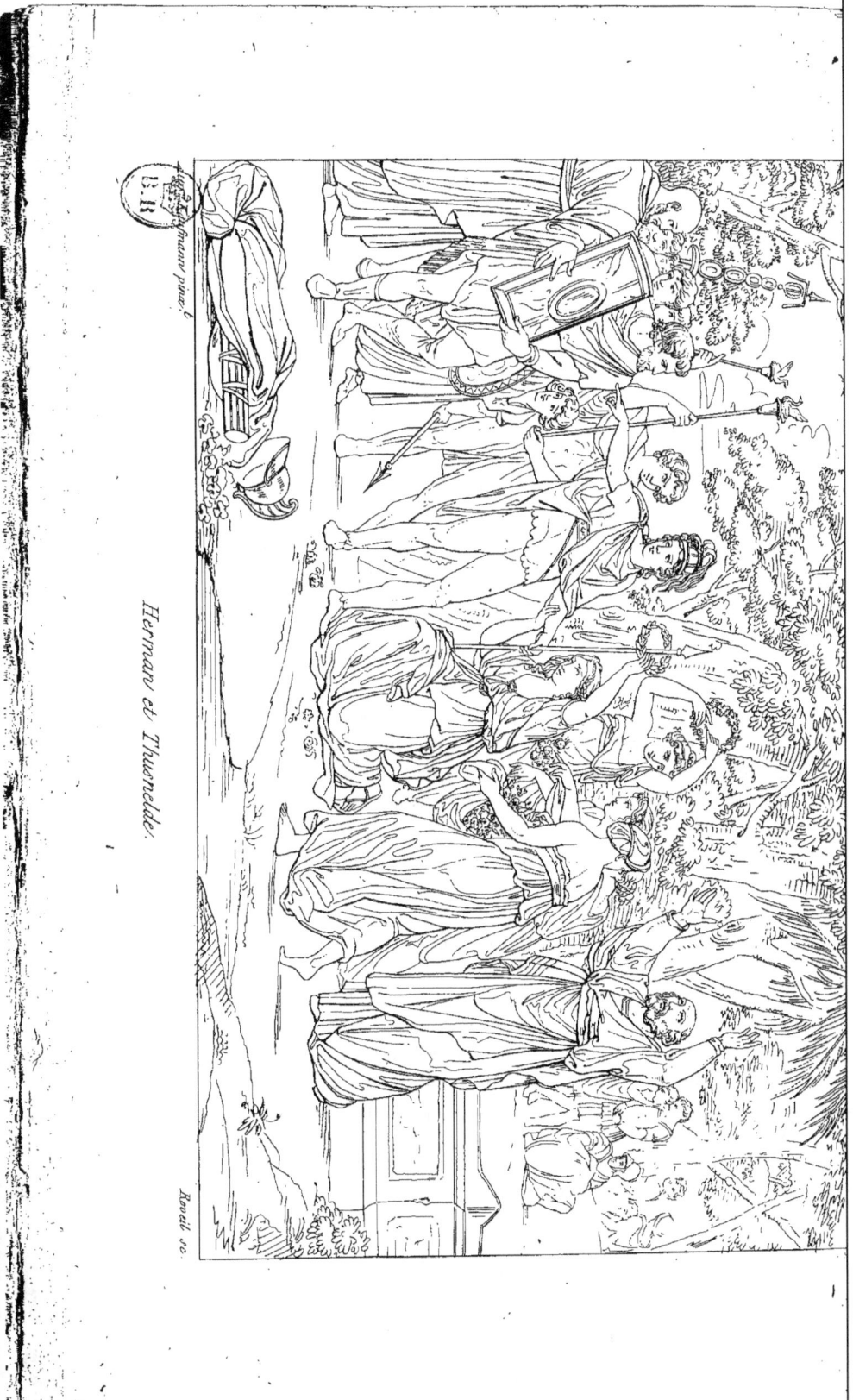

Hermann et Thusnelde.

Angelica Kaufmann. *Ecole* Anglaise
1741. ~~~~~~~~~~~~~~~~~~~~~~~~~~~~~~~~~ 1807.

HERMAN ET THUSNELDE.

Tableau de la Galerie du Belvédère à Vienne.

Peint sur toile; largeur 6 pieds 10 pouces, hauteur 5 pieds.

En rangeant Marie-Anne-Angélique-Catherine Kaufmann dans l'école anglaise, quoique née dans le pays des Grisons, nous suivons l'exemple donné par Lanzi, dans son histoire de la peinture en Italie, où les artistes sont rangés, non d'après le lieu de leur naissance, mais d'après celui qui fut le témoin de leurs succès et où ils séjournèrent le plus long-temps.

M.-A.-A.-C. Kaufmann, est l'une des femmes peintres les plus distinguées, née à Coire en octobre 1741, de Joseph Kaufmann, peintre de portrait, natif de Bregentz, sur le lac de Constance, qui cultiva de bonne heure les dispositions qu'il lui reconnut pour l'art qu'il professoit. Sachant combien il est difficile qu'une femme arrive à la perfection dans le dessin, à cause des études que son sexe lui défend d'entreprendre, il s'attacha principalement à l'instruire dans la science du coloris, sans trop négliger cependant les autres parties importantes de l'art. Les talens d'Angelica ne tardèrent pas à être connus. A 11 ans, ayant réussi à rendre avec vérité le portrait de Nevroni, évêque de Côme, toute la ville voulut aussitôt être peinte par cette jeune artiste; dès ce moment Renaud d'Este, duc de Modène et gouverneur de Milan, se déclara son protecteur. Angelica, dont le goût pour la musique n'étoit pas moins vif que celui qu'elle avait pour la peinture, fut quelque temps incertaine sur la carrière qu'il lui convenoit de choisir, et peu s'en fallut que, d'après les conseils des amis de son père, elle ne s'adonnât au théâtre. Elle avoit alors vingt ans. Un tableau qui nous reste de cette femme célèbre, nous la représente placée entre la Musique et la Peinture, qui s'efforcent chacune de l'attirer par des caresses. Dès qu'elle eut quitté la musique pour s'occuper exclusivement de la peinture, elle fit le voyage d'Italie, visita successivement Parme, Florence, Rome, Naples, Venise où elle arriva en 1765. Ce fut dans cette dernière ville que des seigneurs anglais l'ayant engagée à venir se fixer à Londres, elle accepta l'offre que lui fit Lady Vervort de l'y conduire. Elle y arriva en juin 1766. Reynolds la traita avec amitié, l'aida de ses conseils et conçut même pour elle un sentiment tendre qu'elle sut maintenir dans de justes bornes. Reçue à l'Académie de peinture de Londres en 1767, elle jouit de toute la considération que méritoient ses talens. Les compositions et les tableaux qu'elle fit pendant son séjour en Angleterre sont en très-grand nombre; plus de six cents ont été gravés; trente, environ, l'ont été par elle-même d'un manière facile et spirituelle.

Un soi-disant comte *Frédéric de Horn*, homme d'un bel extérieur et de nobles manières, mais qui n'étoit qu'un aventurier, sut se faire aimer d'Angelica, l'épousa et la rendit malheureuse jusqu'en février 1768, où cette union fut rompue par un acte de séparation. Le faux comte de Horn étant mort, Angelica épousa à Londres, le 14 juillet 1781, Antoine Zucchi, peintre vénitien, recommandable par le feu de ses compositions, et qui s'étoit enrichi en Angleterre à peindre des ruines d'architecture. Peu après cette nouvelle union, Angelica fit un second voyage en Italie, où elle améliora son coloris. A Venise elle peignit pour un anglais *Léonard de Vinci expirant dans les bras de François Ier*; à Rome elle se distingua des artistes vivans par sa manière de composer, facile, expressive et remplie de grâce, que les jeunes gens goûtèrent beaucoup, parce qu'elle étoit le fruit d'un calcul juste sur le beau pittoresque. Joseph II, qui étoit alors à Rome, voulut avoir de ses productions : elle lui destina son *Retour d'Arminius, vainqueur des légions de Varus*, et la *Pompe funèbre par laquelle Énée honore la mort de Pallas*. Angelica perdit son époux en 1795, et divers malheurs de fortune l'assaillirent à la fois sans que son courage en fût abattu. Elle se résigna même, en remerciant le ciel de ce qu'il lui avoit conservé les deux mains et des goûts simples. Cette femme célèbre mourut à Rome le 5 novembre 1807. Les membres de l'Académie de Saint Luc assistèrent à ses funérailles, où, comme à celles de Raphaël, on porta solennellement ses deux derniers tableaux. Angelica ne fut pas seulement fêtée des grands et de ce que les arts et la société avoient de plus distingué; elle fut encore chantée par les premiers poëtes du temps : Gœthe, Herder, Sturz, n'ont parlé d'elle qu'avec l'expression de la plus haute estime. Gherardo de Rossi, écrivain italien très-distingué, et son ami, a publié sa vie en un vol. in-8°, imprimé à Florence en 1810.

Peu de femmes ont peint l'histoire avec autant de mérite qu'Angelica Kaufmann. Ses figures, de moyenne grandeur, sont sveltes et gracieuses; ses compositions, toutes poétiques, sont ingénieuses, et ses expressions sont pour la plupart heureuses et spirituelles. Son coloris, harmonieux et moelleux, est dans la meilleure manière des Italiens modernes. Vers les derniers temps, elle donna plus de force à ses teintes, en étudiant les maîtres vénitiens. Elle a formé son style sur l'antique, et a su donner le caractère de la beauté grecque à ses figures de femmes; mais, il faut le dire, elle a moins réussi dans ses figures d'hommes qui, la plupart, manquent de nerf et de caractère, et ont des physionomies féminines.

Le sujet du tableau dont nous donnons la gravure, lui a été inspiré par Klopstock, son poëte favori. Il représente Herman ou Arminius, qui, après avoir vaincu les Romains dans la bataille qui rendit la liberté à la Germanie, revient sacrifier sur l'autel de ses pères, et rapporte pour trophées le bouclier d'airain de Varus, deux aigles romaines et une lance de cohorte. Thusnelde, sa bien aimée, le reçoit un genou en terre, et lui présente la couronne de feuilles de chêne, tandis que d'autres jeunes vierges sèment des fleurs sur son passage. Un barde élève ses mains vers le ciel, et adresse des actions de grâce à Vodan. Dans un des endroits écartés de la forêt, on aperçoit des captifs romains enchaînés.

Ce tableau a pour pendant la mort de Turnus, non moins recommandable que celui-ci, sous le rapport de la composition, de l'effet général, de la fraîcheur et de l'éclat du coloris, aussi bien que de la finesse et de la grâce des figures de femmes : mais, comme exactitude de costume, ampleur de formes, vigueur d'expression, ils laissent tous deux beaucoup à désirer.

Dans celui-ci, le héros principal est efféminé de même que les hommes de sa suite. Ce tableau et son pendant qui furent peints, comme on l'a vu, pour Joseph II, ont été gravés au pointillé et d'un grand format par F. V. *Durmer*, graveur assez médiocre, né à Vienne vers 1766.

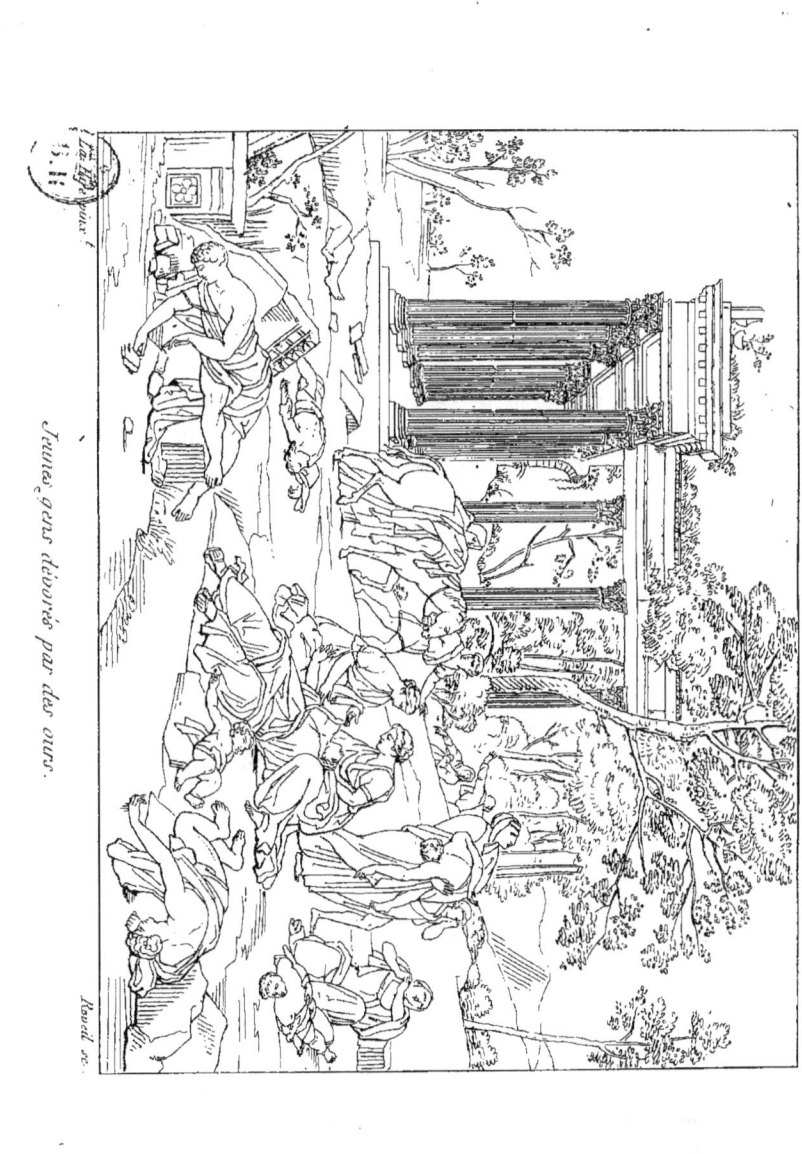

Jeunes gens dévorés par des ours.

Laurent de la Hire. École Françoise.

1606. ~~~~~~~~~~~~~~~~~~~~~~~~~~~~~ 1656.

LES ENFANS DE BÉTHEL DÉVORÉS PAR DES OURS.

Tableau de la Galerie de Lucien Bonaparte.

Peint sur toile; figures de moyenne proportion.

Laurent de la Hire, né à Paris, élève de son père Étienne la Hire, qui a fait d'assez bons ouvrages pour le roi de Pologne, et ensuite de Simon Vouet, tient une place honorable parmi les bons peintres de l'école françoise. La hardiesse qu'il eut de s'écarter du goût de son dernier maître, qui dominoit alors, contribua puissamment à lui donner de la célébrité. Il ne vit pas l'Italie, et ce ne fut que d'après les productions du Primatice, du Rosso, de Paul Veronèze répandues dans les maisons royales, qu'il perfectionna son talent. Son style est agréable, facile et séduisant; ses compositions simples, nettes, dégagées, enrichies d'architecture, et de paysage qu'il a peint avec beaucoup de légèreté, mais où l'on ne retrouve pas assez la nature. Il étoit si fort attaché à la perspective aérienne, qu'à l'exemple de Désargues, il en exagéroit souvent les effets en voilant d'une vapeur presque tous les objets des seconds plans de ses tableaux, pour amener avec plus de vigueur les groupes principaux sur les sites avancés. Son dessin est assez généralement mou, peu articulé, dénué d'expression. C'est donc à l'agrément de son pinceau plus qu'à toute autre partie de l'art qu'il doit d'avoir eu un grand nombre d'approbateurs. On trouve cependant, dans plusieurs de ses tableaux, une noblesse de dessin, une force d'expression, une vigueur de coloris, qui prouvent que s'il ne s'étoit pas laissé entraîner par un certain besoin de produire et d'exercer son génie inventif et fécond, il auroit pu fonder sa réputation sur des bases plus solides. Les compositions qu'il fit pour être exécutées en tapisseries ne sont pas ses moindres titres de gloire. Son histoire de Saint Étienne surtout, dont les dessins sont conservés au Musée du Louvre, est un chef-d'œuvre qu'il seroit à désirer que la gravure fît connoître. La Hire fut reçu à l'Académie de Peinture en 1648; il a gravé à l'eau forte, d'une pointe légère et spirituelle, plusieurs de ses compositions.

Le sujet du tableau, dont nous avons à nous occuper, est tiré de la *Vie du Prophète Élisée*; livre des Rois II, ch. II, v. 23, 24. Un jour que ce prophète montoit à Béthel, une troupe de jeunes gens sortis de cette ville, l'ayant insulté indignement, il les maudit au nom de l'Éternel; alors deux ours sortirent de la forêt voisine et déchirèrent quarante d'entre eux. Le moment choisi est celui où les parens des jeunes victimes viennent leur porter secours. Sur le premier plan, on voit une mère qui s'est évanouie à la vue de son fils mort, et à laquelle deux femmes donnent des soins empressés. Plus loin, une femme à genoux pleure son enfant étendu à ses pieds; une autre emporte le sien dans ses bras, en accusant le ciel de son infortune. Sur un plan plus reculé, on transporte sur un âne le corps d'un de ces malheureux; enfin, le fond de cette scène de douleur est un monument d'architecture en ruine, qui, pour le dire en passant, ne rappelle guère le temps et le peuple dont le tableau représente un des événemens mémorables. Cette production est une de celles qui font le plus d'honneur à la Hire. Dandré Bardon qui l'a vue dans le cabinet du marquis de Marigny, la regarde comme un des chefs-d'œuvre du maître : nous n'en connoissons pas de gravure.

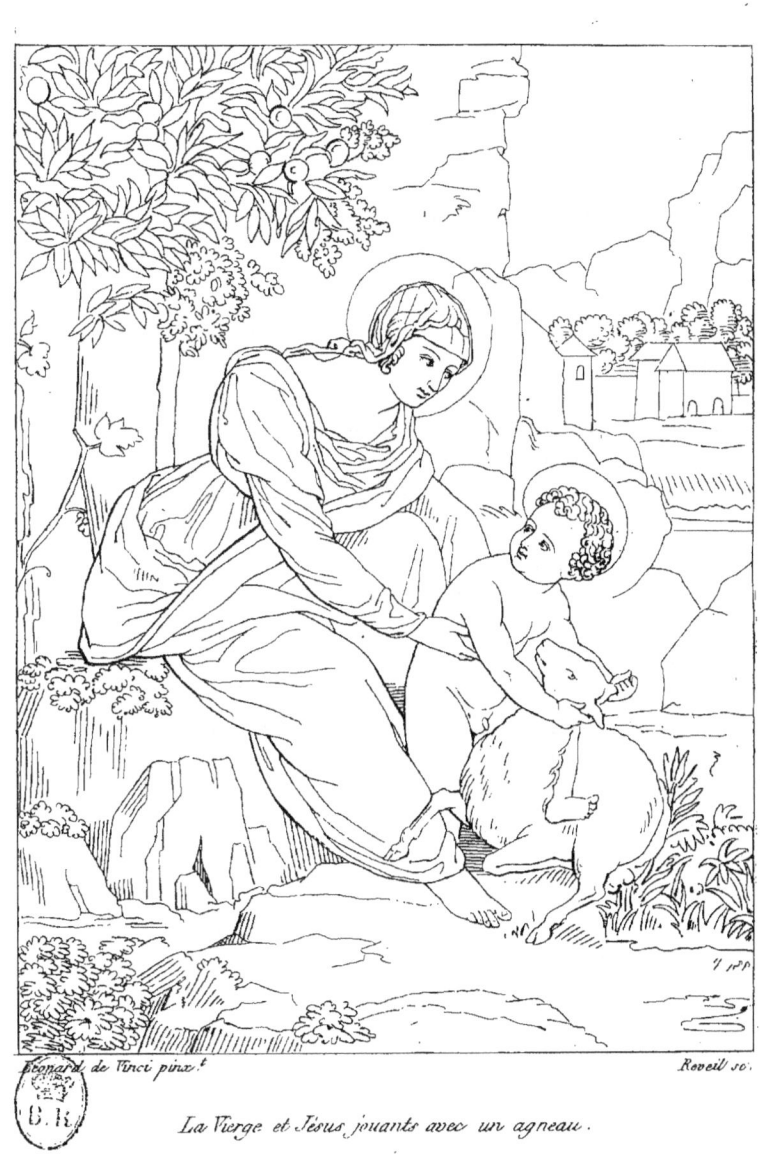

La Vierge et Jésus jouants avec un agneau.

Léonard de Vinci. École Florentine.

1452. ~~~~~~~~~~~~~~~~~~~~~~~~~~~~ 1519.

LA VIERGE ET L'ENFANT JÉSUS.

Tableau de la Collection de W. G. Coesvelt, Esq. à Londres.

Hauteur 2 pieds 2 pouces, largeur 1 pied 8 pouces.

Après Raphaël, le peintre qui a le plus approché de la perfection dans la représentation des sujets de Vierge, est Léonard de Vinci, son précurseur, qui, comme lui, prit ses modèles dans la nature plutôt que sur les marbres antiques, et sut leur donner un air angélique, un caractère de douceur et une telle beauté qu'on pourroit croire que, contemporains et rivaux, ces deux peintres se sont imités mutuellement. Cependant pour peu que l'on compare les récits que font les historiens de l'âme noble, affectueuse, pleine de discernement, toujours désireuse de s'avancer vers la perfection, qui distingua ces deux lumières de l'art, on n'a pas de peine à rejeter toute idée d'imitation. L'un et l'autre tiroient, comme nous l'avons dit, des divers effets de la nature, parmi lesquels ils choisissoient avec un génie semblable, des ouvrages qui, pour paroître sortir du même pinceau, ne peuvent néanmoins tromper l'œil exercé, et moins encore le sentiment délicat.

La composition du tableau dont nous donnons ici l'esquisse, est un extrait du célèbre carton, représentant la Vierge assise sur les genoux de Sainte Anne, et tenant l'enfant Jésus qui joue avec un agneau, dont Léonard de Vinci devoit exécuter le tableau pour les frères Servites de Florence, ouvrage que les circonstances ne lui permirent pas même de commencer. Lorsque nous avons eu l'occasion de voir et de dessiner ce tableau à Paris, à son aspect séduisant, au caractère des têtes, à la pureté de l'exécution, au précieux, au soigné du pinceau, nous l'avons pris pour un ouvrage du maître sous le nom duquel nous le donnons, et nous serions encore dans l'erreur, si nos recherches ne nous avoient démontré qu'il ne peut avoir été peint que par un de ses élèves ou de ses imitateurs. En effet, comment supposer que Léonard ait pris le temps, et l'on connoît sa lenteur d'exécution, de peindre ce fragment d'une composition plus importante, lorsque des engagemens d'honneur exigeoient qu'il le peignît en entier pour les frères Servites envers lesquels il avoit des obligations? Il est d'ailleurs constant que lorsque Léonard de Vinci suivit François Ier à la cour de France, son carton de Sainte Anne y vint avec lui, qu'à cette époque ce carton n'avoit point encore été exécuté en peinture, puisque ce fut un des premiers, ou pour mieux dire, le seul ouvrage que sollicita de lui le monarque protecteur. Ne sait-on pas aussi que le grand âge de Léonard et ses infirmités ne lui permirent pas d'exécuter un seul tableau pendant les quatre années qu'il passa en France, où il mourut? Il demeure donc prouvé à nos yeux que Léonard ne peignit ni le carton dans son entier, ni aucune de ses parties isolément, et que les nombreuses copies qui en existent sont toutes de la main de ses élèves. Dans une de nos prochaines livraisons, nous donnerons le trait d'un de ces célèbres cartons (car il les répéta plusieurs fois avec quelques variantes), d'après un tableau de Salai, son élève chéri, que possède le Musée de Brera. Nous aurons alors occasion de nous étendre davantage sur le cas particulier que Léonard lui-même et ses contemporains firent de cette composition originale.

Le tableau que possède Mr W. G. Coesvelt n'a point été gravé, mais le carton dont il est un extrait, l'a été par *Benaglia* et par G. *Cantini*, sous la direction de *Morghen*.

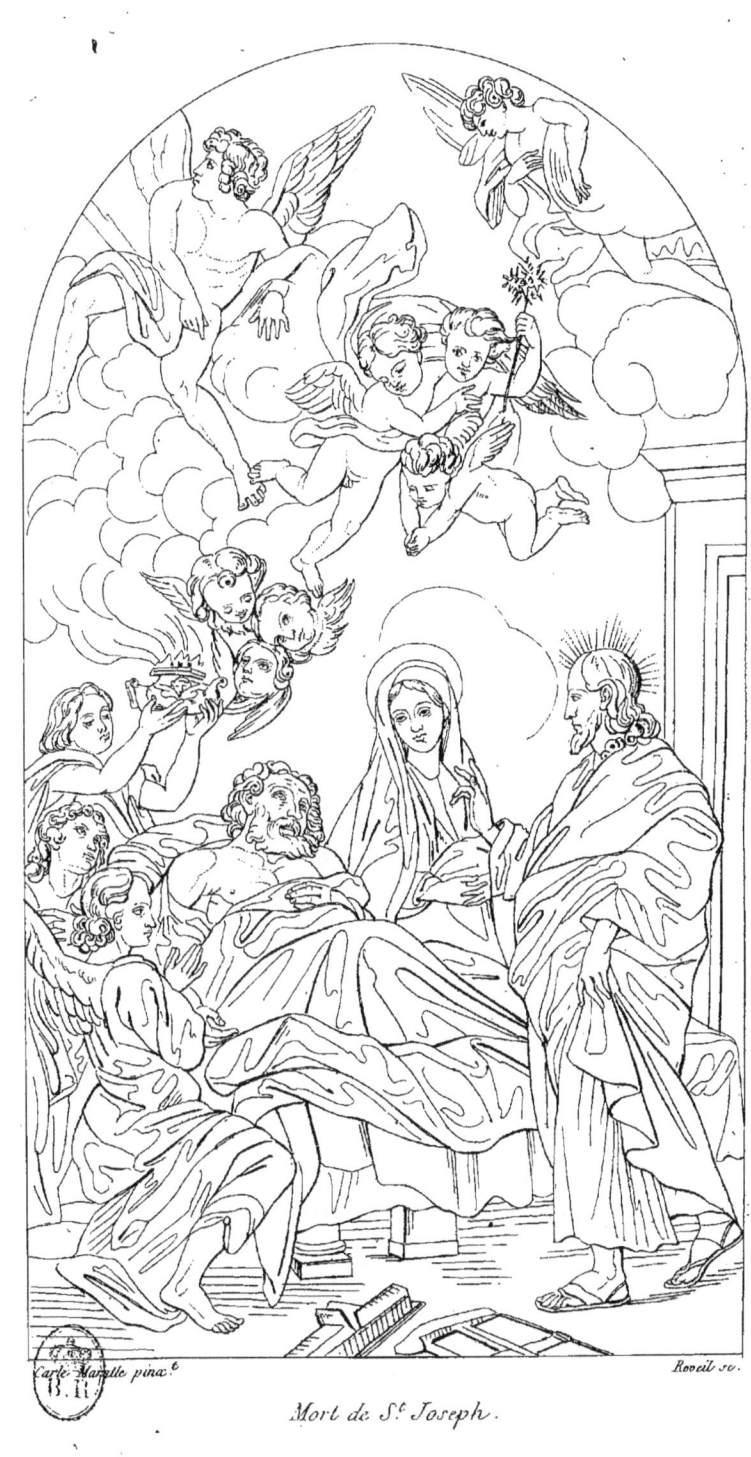

Mort de St. Joseph.

Carlo Maratta. École Romaine.

1625. ────────── 1713.

MORT DE SAINT JOSEPH.

Tableau de la Galerie impériale de Vienne.

Sur toile; hauteur 11 pieds 10 pouces, largeur 6 pieds 6 pouces.

Le chevalier Carle Maratte, né à Camerino, dans la Marche d'Ancône, eut la réputation, dans son siècle, d'être l'un des premiers peintres de l'Europe. Dans une lettre de Mengs, sur l'origine, les progrès et la décadence des arts du dessin, il est dit du Maratte « qu'il soutint la peinture « à Rome et la préserva de tomber rapidement comme elle « l'avoit fait ailleurs. » En effet, né avec le sentiment du noble et du gracieux, et nourri des bons modèles, il chercha à relever la peinture de l'état de dégénérescence où Pietre de Cortone, ses élèves et ses imitateurs l'avoient conduite. Si ses efforts furent impuissans et ne firent qu'arrêter les progrès du mal, ce n'est pas qu'il ait manqué de courage et de persévérance, mais de ce feu, de ce nerf, de cette originalité qu'on n'acquiert pas par l'étude. Reynolds a porté sur ce maître un jugement très-juste, lorsqu'il a dit : « Le Maratte tira le meilleur parti qu'il lui fut possible de la portion de talent dont il étoit doué; mais on ne sauroit nier qu'il eut une certaine pesanteur qui se fait sentir uniformément dans l'invention, l'expression, le dessin, le coloris et l'effet général de ses ouvrages. » Pour achever le portrait de la manière de ce peintre, on pourroit ajouter qu'elle se fait plutôt remarquer par l'absence des défauts que par des qualités éminentes.

Le Maratte fut toujours très-soigneux dans l'exécution de ses tableaux. Après en avoir fait l'esquisse, il en revoyoit toutes les parties d'après nature, et, non content de cela, il étudioit en outre, même dans un âge avancé, les contours des figures de Raphaël, sans perdre de vue toutefois les Carraches et le Guide qu'il eut toujours en grande vénération. Mais à force d'être soigneux, il tomba souvent dans la minutie, et ses tableaux perdirent en esprit ce qu'ils gagnoient en perfection d'exécution. Ce qu'on approuve le moins en lui, c'est l'agencement de ses draperies, dans lesquelles son amour pour le naturel lui fit adopter un système qui rompt les masses, ne rend pas suffisamment compte du nu, et fait paroître ses figures un peu lourdes. Il répandoit dans l'harmonie générale de ses tableaux quelque chose d'opaque qui caractérise les ouvrages de son école. Son art fut de réduire la lumière principale sur un seul objet, tenant les clairs un peu trop foibles dans les autres parties; mais comme il arrive toujours que les élèves outrepassent les défauts du maître, ses imitateurs poussèrent cette maxime trop loin et finirent par tomber dans le vague.

Son tableau de la Mort de Saint Joseph, si l'on en juge par les nombreuses copies qui en ont été faites, dut être un de ceux sur lesquels se fonda sa réputation. On y reconnoît le cachet du maître, c'est-à-dire un dessin assez correct, une couleur chaude et vigoureuse, peu d'expression, surtout dans la tête de la Vierge qui est d'une étrange impassibilité. Ce tableau porte la date de 1676. Hauzinger en a fait une bonne copie de petite proportion pour l'impératrice Marie Thérèse, qui la lui avoit demandée pour orner une chapelle de la Cour.

Il a été gravé par *César Fantetti*, et probablement par *Oudenaerde*.

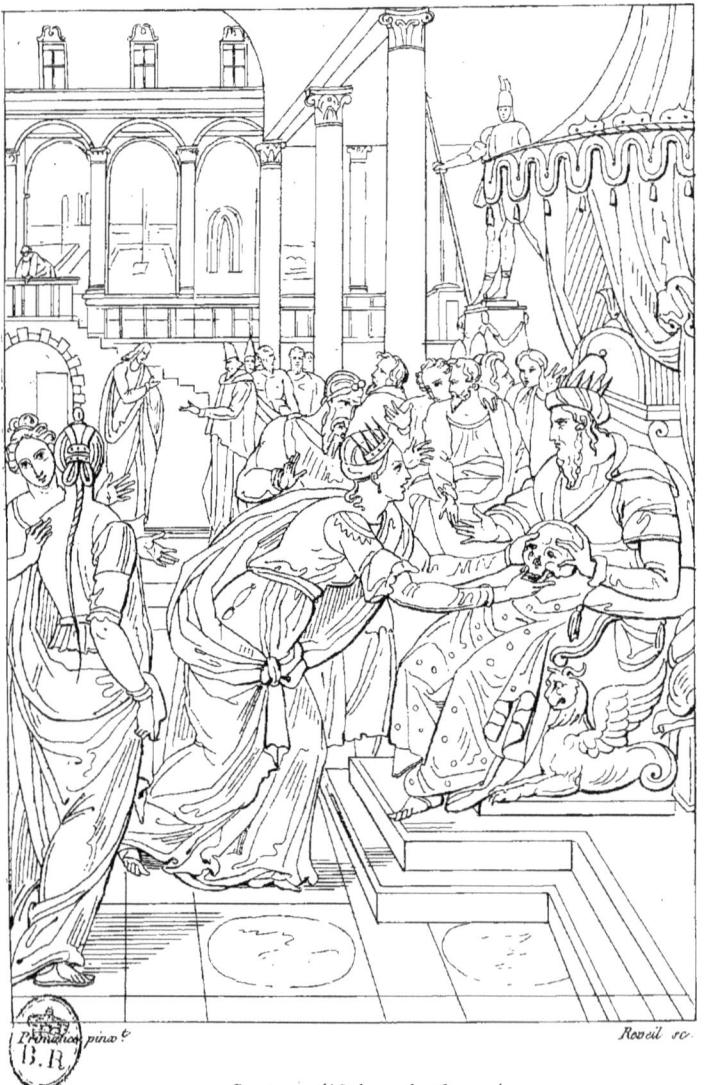

Justice d'Othon le Grand.

Niccolo Primaticcio. École Bolonaise.

1490. ~~~~~~~~~~~~~~~~~~~~~~~~~~ 1570.

JUSTICE D'OTHON LE GRAND.

Tableau de la Galerie de Lucien Bonaparte.

Sur bois; figures de petite proportion.

Le sujet de ce tableau est tiré de la vie de Sainte Adélaïde, fille de Rodolphe II, roi de Bourgogne, l'un de ceux qui disputèrent le royaume d'Italie à Hugues, comte de Provence. Ces deux rivaux, pour concilier leurs intérêts, ayant marié cette princesse, qui n'avoit encore que 16 ans, à Lothaire, fils de Hugues, il arriva que Bérenger, marquis d'Ivrie, autre prétendant à la couronne, qui avoit pris les armes contre Hugues, et l'avoit forcé à résigner la couronne à son fils Lothaire; peu satisfait de cette révolution, et voulant régner lui-même, fit empoisonner ce jeune monarque en 950, et se fit proclamer roi d'Italie sous le nom de Bérenger II. En même temps il voulut que son fils Adalbert épousât la jeune veuve qui avoit Pavie en dot et plusieurs autres possessions importantes; mais la princesse n'y ayant point consenti, Bérenger l'assiégea dans Pavie, la fit prisonnière, et l'envoya au château de Garda, où elle reçut toute sorte de mauvais traitemens. Sa beauté, sa sagesse, sa piété lui ayant gagné tous les cœurs, chacun songeoit à l'arracher de sa captivité, lorsqu'un prêtre, nommé Martin, parvint à la faire évader par un souterrain qui pénétroit jusque dans la tour. Ce prêtre la conduisit à l'autre extrémité du lac de Garda, où il la cacha parmi les roseaux et pourvut à ses besoins jusqu'à ce que Albert Azzo, parent d'Adélaïde, qu'il avoit fait avertir, vînt la trouver avec des amis armés et lui offrir pour asile, son château, espèce de forteresse bâtie sur un rocher taillé à pic, que sa position rendoit imprenable. Quelques mois s'étoient à peine écoulés depuis qu'elle habitoit ce château, qu'envieux de la puissance de Bérenger, Othon de Saxe passe les Alpes pour lui ravir le royaume d'Italie, et arrive aux portes de Pavie, sans avoir éprouvé de résistance. Adélaïde vint alors trouver l'Empereur et implorer sa protection contre son persécuteur; celui-ci fut bientôt défait et détrôné. Othon épousa Adélaïde et la fit couronner reine de Lombardie en 951.

Le moment représenté par le Primatice est celui où la princesse vient implorer l'assistance de l'Empereur. Celui-ci, entouré des seigneurs de sa cour, et assis sur son trône, que surmonte un riche dais, reçoit Adélaïde qui, vêtue avec magnificence, et portant les insignes de la royauté, s'incline devant lui, et, suivant un usage antique qui veut qu'on offre ce qu'on a de plus précieux à celui qu'on implore, lui remet le crâne de son époux que Bérenger a fait empoisonner. Othon semble accueillir ce présent avec bonté, et promettre à la jeune princesse une pleine et entière satisfaction.

Nous ne jugerons pas ce tableau rigoureusement, il ne pourroit supporter un examen approfondi ni sous le rapport de l'art, ni sous le rapport de la vérité historique. Nous louerons seulement les deux figures principales dont le dessin et l'expression rappellent l'école dont le Primatice est sorti. La princesse est surtout d'un très-beau caractère; sa pose est gracieuse, quoi qu'un peu maniérée. Le coloris de ce tableau est généralement froid et sans vigueur; la disposition en est bizarre.

Les tableaux de chevalet du Primatice sont rares, cet artiste ayant beaucoup plus peint à fresque qu'à l'huile. Celui-ci n'a point été gravé.

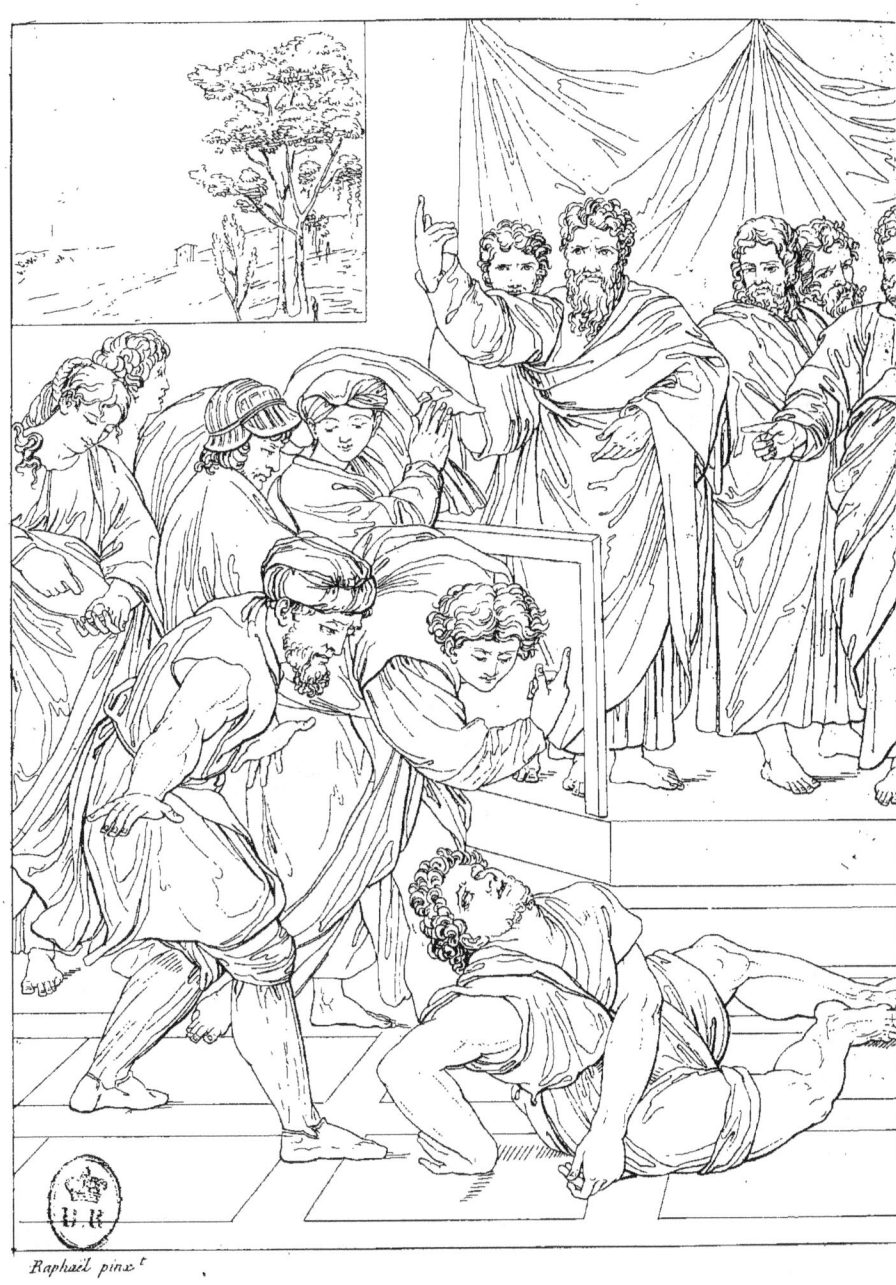

Raphaël pinx.t

S.t Paul fra

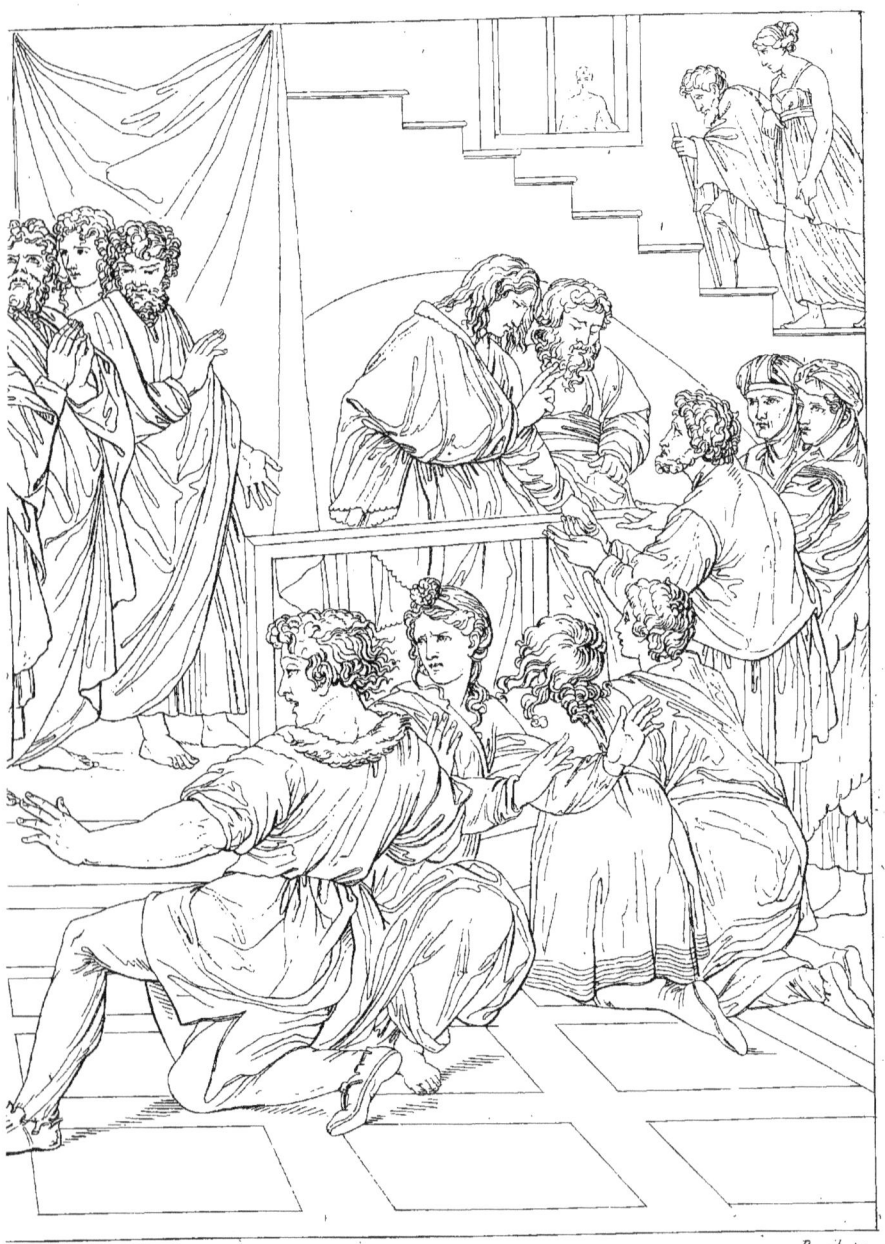

mort Ananias.

Raphaël Sanzio. École Romaine.

1483. ~~~~~~~~~~~~~~~~~~~~~~~~~~~~~~~ 1520.

ANANIE FRAPPÉ DE MORT.

Carton de l'une des Tapisseries du Vatican.

Hauteur 11 pieds 4 pouces, largeur 17 pieds 6 pouces.

Le plus beau monument des arts que possède l'Angleterre est, sans contredit, la célèbre collection des cartons dits d'Hamptoncourt, du nom du palais où ils sont conservés, et que Raphaël peignit pour être exécutés en tapisserie à Bruxelles, sous la direction de Van Orlay et de Michel Coxis, peintres flamands, ses élèves. Ces cartons étoient, comme les tapisseries du Vatican, au nombre de douze; mais le temps en a détruit cinq, dont on a retrouvé des fragmens en Angleterre dans le siècle dernier. Le peintre Richardson a possédé plusieurs têtes, pieds, mains qui avoient été coupés des cartons perdus du massacre des Innocens, de la Nativité, de l'Adoration des Mages. Malgré ce qu'on lit sur les estampes de Dorigny et dans quelques historiens, on ignore quand et comment ces cartons arrivèrent en Angleterre : mais on sait positivement que les sept qui sont conservés faisoient partie de la précieuse collection d'objets d'art réunie par l'infortuné Charles Ier, et qui fut dispersée à sa mort; qu'à cette époque ils étoient en lambeaux, ayant été coupés en plusieurs morceaux pour la commodité des ouvriers en tapisserie, et que ce ne fut qu'après que Cromwel les eut achetés pour une somme de 300 livres sterling, qu'ils furent mis en ordre, et recollés et restaurés à l'endroit de la jonction des différens morceaux. Sous le règne de Guillaume III et de la reine Marie, ils furent placés à Hamptoncourt, dans une galerie construite exprès pour les recevoir. Environ vingt-cinq ans plus tard, sous George Ier, ils furent déplacés, on les colla sur toile et on les encadra dans les panneaux d'une pièce de Buckingham-House, dont on les retira plus tard pour les porter au château de Windsor.

On se tromperoit beaucoup si l'on croyoit ces cartons exécutés comme ceux dont les peintres se servent pour les fresques, et qui ne sont, le plus ordinairement, qu'un simple trait au noir rehaussé par des hachures, dont on ne se sert plus une fois que le dessin est transporté sur l'enduit qui doit recevoir la peinture. Destinés à être copiés en tapisseries de manière à imiter des tableaux, ils devoient être et ils furent effectivement coloriés. Vasari le dit positivement, et nous apprend de plus qu'ils sont tout entiers de la main de Raphaël (1). Ils sont peints à détrempe, c'est-à-dire avec des couleurs détrempées dans de l'eau, où l'on a mêlé de la colle, de la gomme ou toute autre matière glutineuse pour les lier et leur donner la faculté d'adhérer au fond sur lequel on les applique. Comme il devoit résulter de cette préparation de couleurs, l'effet général de ces cartons est clair et lumineux. Dans beaucoup d'endroits ce ne sont que des teintes plates; dans d'autres, ces teintes sont rehaussées par des hachures au pinceau; les chairs sont généralement plus travaillées. Le maniement du pinceau est à la fois hardi, ferme et élégant.

« Raphaël (2), lorsqu'il exécuta ces cartons, ce qui doit avoir eu lieu pendant les deux dernières années de sa vie,

(1) Nous verrons plus tard que Vasari, sur ce dernier point, pourroit bien ne pas devoir être cru sur parole sans restriction.

(2) Ce qui suit est extrait de l'*Histoire de la Vie et des Ouvrages de Raphaël*, par M. Quatremère de Quincy; un vol. in-8°, publié en 1824, à Paris, chez Gosselin. On n'a pas cru pouvoir mieux faire que d'emprunter à ce judicieux critique ce qu'il dit de cette immortelle suite de chefs-d'œuvre.

étoit dans toute la force de l'âge et de son talent. Quand on en considère les compositions sous le rapport de la grandeur des pensées, de l'énergie de dessin, de style et d'expression, on est forcé d'y voir une nouvelle preuve de l'ascension continuelle, qui est si remarquable dans la succession de ses œuvres : là, il s'est élevé au-dessus de lui-même. Oui, nous ferons de la collection de ces mémorables sujets le couronnement, non pas seulement des productions de Raphaël, mais de toutes celles du génie des modernes dans la peinture.

« Pour en concevoir l'idée entière, il faut réunir dans sa pensée les sept cartons originaux de cette collection, que nous avons eu l'avantage d'admirer plus d'une fois en Angleterre, aux magnifiques tapisseries qui, dans la suite importante que Rome a conservée, présente l'ensemble de la plus vaste des entreprises dues au génie de Raphaël. C'est en réunissant ces deux sortes d'impressions, que l'imagination parvient à redonner aux copies la valeur d'originalité empreinte dans les traits, quoique un peu affoiblis des cartons, et à rendre aux originaux l'éclat du travail, et la magnificence qui brille encore dans les tapisseries.

« Le sujet d'Ananie, frappé de mort par les paroles de saint Pierre, nous a paru, dans le nombre des sept cartons d'Hamptoncourt, un de ceux auxquels on peut croire, avec Vasari, que Raphaël seul aura mis la main. Outre les indices qui résultent, aux yeux du connoisseur, des différences d'exécution qu'on remarque dans quelques-uns, ne seroit-il pas encore permis d'ajouter à ces présomptions, celle de la préférence que l'artiste lui-même auroit pu porter dans le choix des sujets dont il se seroit réservé l'entière exécution? Or, la conception de celui d'Ananie doit passer pour être celle où domine, avec plus de supériorité, cet ensemble de toutes les qualités qui non-seulement vure qui est jointe à cet article, à défaut de la peinture originale, donnera une idée plus juste du mérite de cette composition que ne le sauroient faire les plus savantes paroles.

Comme principale production de Raphaël, ce carton a été gravé souvent et par les plus célèbres artistes de chaque nation; il l'a d'abord été par *Marc-Antoine*, ou, selon Bartsch, par *Augustin de Venise*. Cette estampe a 15 pouces de large sur 10 pouces de haut : elle a été copiée par un anonyme dans le même sens que l'original et de la même grandeur. On reconnoît cette copie à ce que dans la signature Raphaël Urb. inv., qui est en deux lignes l'une sous l'autre, l'I d'invenit est sous le P de Raphaël, dans l'original, et sous le premier A dans la copie. *Ugo da Carpi* l'a gravé ensuite en clair obscur, en 1518. A Londres il l'a été en manière noire par *J. Simon*; mais la plus belle estampe qui ait été faite d'après cette célèbre composition, est celle de Gerard *Audran*. Depuis plusieurs années, un artiste anglais, M. *Hallaway*, s'occupe à graver toute cette suite de cartons d'après les originaux; nous ignorons où en est son travail.

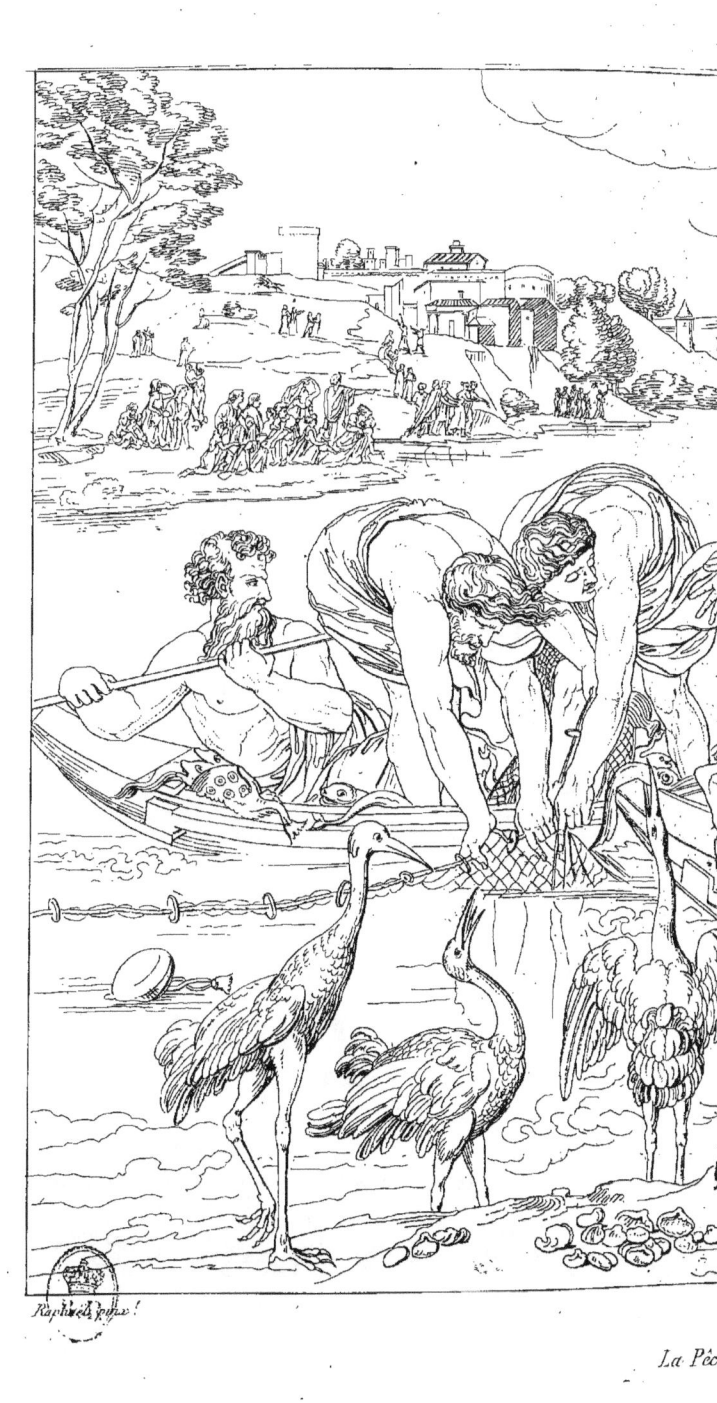

La Pêc

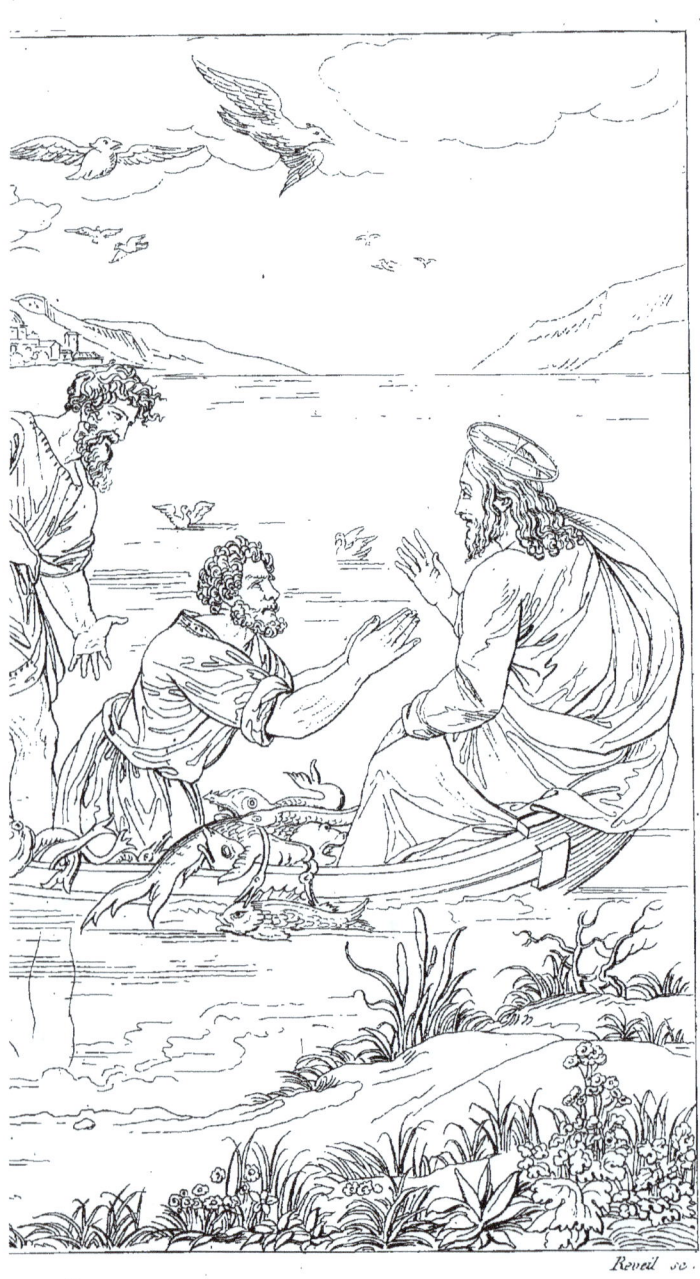

Raphaël Sanzio. École Romaine.

1483. ~~~~~~~~~~~~~~~~~~~~~~~~~~ 1520.

LA PÊCHE MIRACULEUSE.

Carton de l'une des Tapisseries du Vatican.

Hauteur 10 pieds 6 pouces, largeur 13 pieds 1 pouce.

Nous avons déjà fait pressentir que Vasari pourroit bien s'être exprimé d'une manière trop générale, lorsqu'il a dit que les cartons dont nous nous occupons étoient tous de la main de Raphaël. Si l'on est forcé de reconnoître que l'invention de tous et l'exécution entière de plusieurs ne peut appartenir qu'à lui, on est fondé à croire, par les diversités de manière qu'on remarque dans quelques-uns, que dans l'exécution de ces ouvrages importans, comme dans d'autres non moins considérables, Raphaël s'est fait aider par ses élèves.

Dans le carton de la *Pêche miraculeuse*, tout semble indiquer que les eaux, les ciels, le paysage, aussi bien que les oiseaux aquatiques qui en embellissent le premier plan, ont été exécutés par ce même Jean d'Udine, qui, aux loges du Vatican et à la Farnésine, fut chargé de la peinture des fleurs, des fruits, des animaux.

« Quoique moins abondante en figures, dit M. Quatremère de Quincy dans l'ouvrage déjà cité, moins riche de mouvement et d'expression, moins dramatique par son sujet, la scène de la *Pêche miraculeuse* offre les plus beaux détails dans les attitudes des pêcheurs. Le ton général de la peinture y a de la fraîcheur, et l'aspect total semble avoir été, par l'éclat et la gaieté des couleurs propres au sujet, destiné à produire, dans cette nombreuse suite de tableaux, des variétés, et même des oppositions qui les font valoir l'un par l'autre.

Ce carton a été gravé par *Dorigny*. Corneille *Matsys*, *Met* ou *Metensis*, contemporain et compatriote de *Lucas de Leyde*, qui vivoit vers 1500, a gravé le même sujet d'après un dessin de Raphaël. *Guill. Chasteau* l'a gravé d'après la tapisserie même, et *Tardieu*, de format in-8°, d'après une des estampes précédentes.

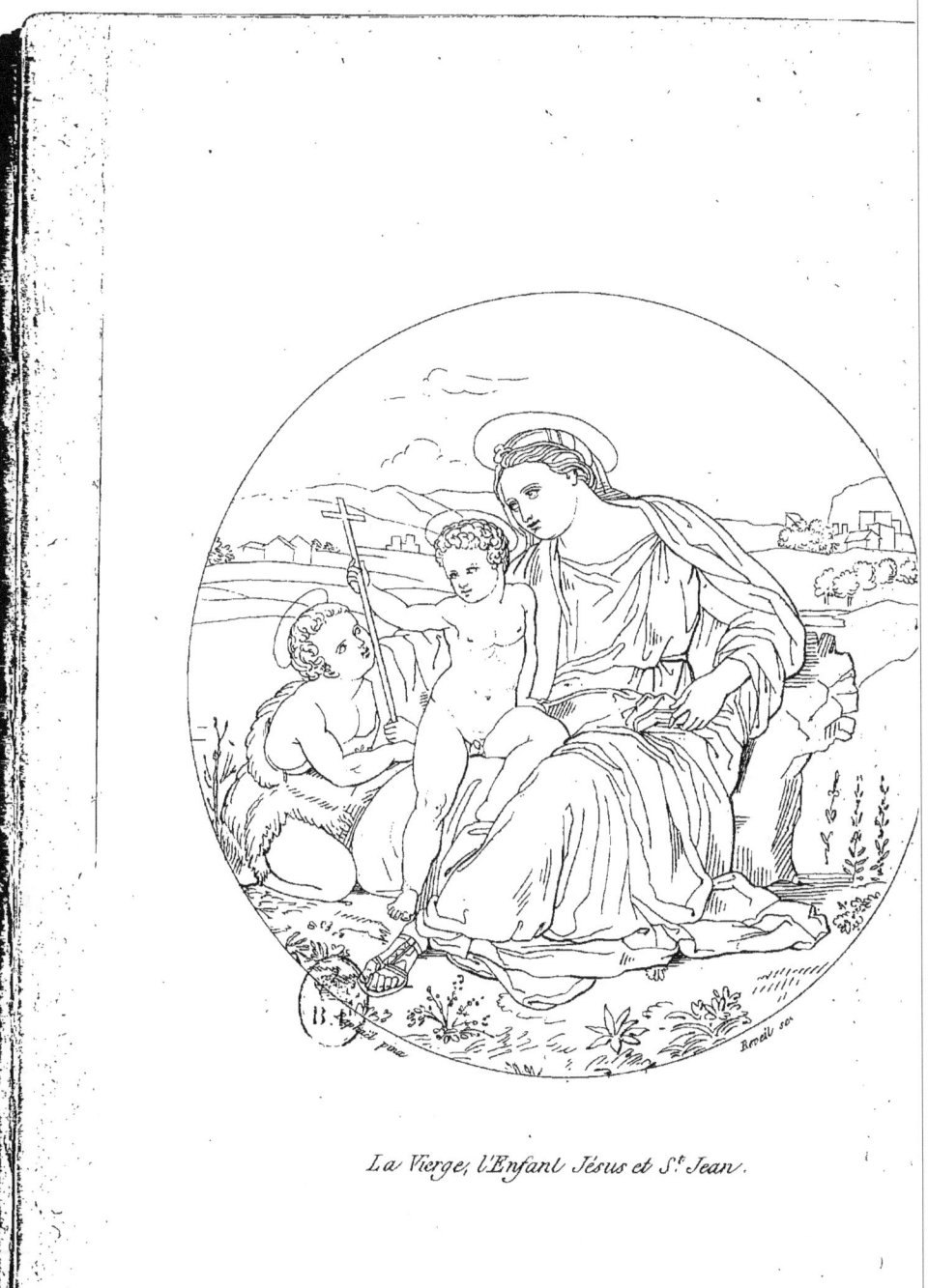

La Vierge, l'Enfant Jésus et St. Jean.

Raphaël Sanzio. École Romaine.

1483. ~~~~~~~~~~~~~~~~~~~~~~~~~ 1520.

LA VIERGE, JÉSUS ET SAINT JEAN.

Tableau de la Collection de M. W. G. Coesvelt, Esq. à Londres.

Dimension : 3 pieds, rond.

Raphaël avoit une dévotion particulière à la sainte Vierge; ce fait est attesté par la fondation qu'il fit en son honneur, d'une chapelle dans l'église de la Rotonde à Rome. De là vient sans doute l'espèce de prédilection qu'il eut pour les madones, et sa supériorité à les peindre. On ne peut se dissimuler du moins que l'artiste, pour nous émouvoir, et, en quelque sorte, nous rendre acteur de la scène qu'il a représentée, doit avoir été ému lui-même et pénétré de son sujet. Aussi, quelle que soit la beauté des Vierges du Guide, elles paroissent froides, dénuées d'expression, comme les marbres antiques dont elles sont une inspiration, lorsqu'on les compare à celles de Raphaël, qui, outre cette vie dont elles semblent animées, réunissent au plus haut degré cette pureté virginale, cette grace, cette noblesse, en un mot, cette divinité qui commande le respect et l'adoration, et qui a fait dire de Raphaël, qu'il avoit fixé l'idéal du sujet. En effet tous ceux qui, comme lui, ne donnent point à la mère du Sauveur une beauté sublime, un caractère de divinité et d'humanité, de noblesse et de modestie, de candeur virginale et d'affection maternelle, tempérée par une sorte de respect pour le fils dont les hautes destinées lui sont connues; qui n'impriment point à la figure de Jésus un air de majesté céleste, unie aux formes les plus pures et les plus nobles; à celle de saint Jean moins d'*idéalité*, mais une expression de respect et d'amour, de soumission et d'adoration qui établisse une distinction de convenance entre les deux enfans; à celle de sainte Élisabeth une nature moins noble, moins belle que celle de la Vierge, et des sentimens analogues à ceux de son fils; enfin, à saint Joseph, cette sérénité d'esprit que donne la méditation des choses saintes; ceux-là n'ont point atteint le but et ne sont arrivés, un peu plus, un peu moins, qu'à la représentation d'une mère avec son enfant dans la familiarité domestique, ou d'une simple réunion de famille.

La madone que possède M. W. G. Coesvelt, réunit à un degré supérieur les qualités distinctives du genre, et doit être regardée comme un des beaux ouvrages de la seconde manière de Raphaël. La Vierge y est représentée assise au milieu d'un paysage, l'enfant Jésus est sur ses genoux; d'une main elle tient un livre, et de l'autre semble attirer saint Jean qui, à genoux, présente à l'enfant divin la croix de roseau, symbole précurseur de ses souffrances et de notre rédemption.

La grace, la pureté des contours, la candeur, la suavité de l'expression, la naïveté du pinceau donnent un prix inestimable à ce tableau, que nous croyons en entier de la main de Raphaël. Du moins, après un examen attentif, nous n'y avons remarqué aucun des signes auxquels on reconnoît les sujets de cette espèce peints par Jules Romain, Timothée d'Urbin, Pellegrin de Modène, Perrin del Vague et autres élèves du Sanzio. Ce tableau paroît avoir une singulière ressemblance, pour la composition, avec celui dit : La Vierge du duc d'Albe, conservé également à Londres, dont M. Quatremère de Quincy donne la description dans son *Histoire de la Vie et des Ouvrages de Raphaël*, page 139, et qu'il annonce, sans doute par méprise, avoir été gravé par *Desnoyers*.

Le tableau que possède M. Coesvelt n'a point été gravé.

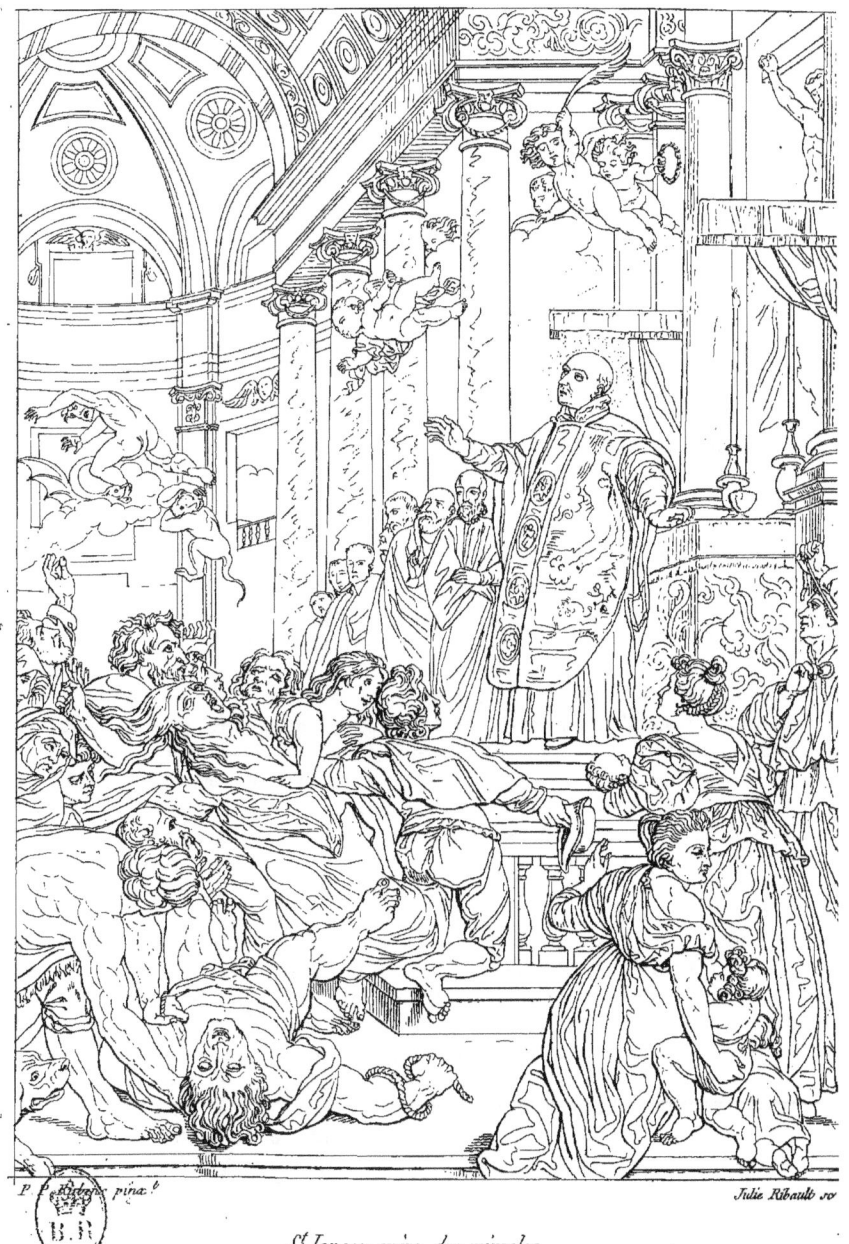

St Ignace opère des miracles.

P. P. Rubens. École Flamande.

1577. ~~~~~~~~~~~~~~~~~~~~~~~~~~~ 1640.

SAINT IGNACE OPÈRE DES MIRACLES.

Tableau de la Galerie impériale du Belvédère.

Sur toile. Hauteur 17 pieds, largeur 12 pieds 6 pouces.

Le tableau représentant saint Ignace opérant des miracles, que Rubens peignit pour les Jésuites à Anvers, est une de ces grandes machines où il aimoit à développer les ressources de ce génie toujours plus fécond à mesure que le champ sur lequel il devait s'exercer devenoit plus vaste. La scène se passe dans l'intérieur d'une église remarquable par sa richesse. Saint Ignace, entouré des religieux de son ordre, après avoir officié à l'autel élevé près duquel il est debout, implore le secours du ciel en faveur des malades qu'on lui amène et qui occupent les premiers plans de la composition. Le groupe principal représente une femme possédée du démon, que ses parens soutiennent et conduisent vers saint Ignace en réclamant son intercession. Non loin de là, et sur un plan plus avancé, est un autre possédé, renversé sur les degrés de marbre de l'autel et qui se livre à la plus affreuse fureur. Près de lui est un vieillard infirme qui, les mains jointes, regarde avec confiance l'envoyé de Dieu. Au côté opposé, deux femmes présentent leur enfant à la bénédiction. Enfin, des Anges tenant des palmes et des couronnes, planent sur cette scène d'espérance et de douleur, et l'on aperçoit dans le lointain, et prenant la fuite, les démons sortis du corps des deux exorcisés.

Il y a beaucoup de mouvement et de vie dans cette composition, les expressions en sont aussi variées qu'énergiques. Celles des deux possédés surtout sont d'une épouvantable vérité; on croit entendre celui qui est à terre vomir les plus abominables imprécations. Tout son corps est en convulsion, et ce n'est qu'avec peine qu'un homme parvient à le lier. Pour augmenter le tumulte de cette scène bruyante, un chien mêle ses hurlemens aux cris du forcené et aux pleurs des parens de la femme possédée.

Sous tous les rapports, ce tableau est digne de la réputation de Rubens. On y admire cette richesse de pinceau qui l'a placé au premier rang des coloristes et qui fait de ses productions des sources où l'on peut puiser les grands principes de la couleur ; cette intelligence merveilleuse avec laquelle il sut toujours grouper les différentes parties de sa composition ; cet art de prononcer les lignes caractéristiques, d'opposer les ombres aux lumières, les tons chauds et vigoureux aux tons suaves et délicats, de varier les attitudes, de donner à chaque personnage l'expression qui lui convient : c'est dire assez que c'est un de ses beaux ouvrages. Il est peint avec cette fougue qui caractérise ses productions et qui les font croire plutôt l'œuvre spontanée du génie que le fruit de la réflexion et d'un long travail. Ce tableau, et son pendant, saint François Xavier prêchant les Indiens, que nous ferons connaître, sont peut-être ceux où cette inspiration du moment se fait le mieux remarquer ; on n'en sera pas surpris, lorsqu'on saura que Rubens n'eut qu'un mois pour les exécuter tous les deux, devant être exposés dans l'église des Jésuites, à Anvers, le jour de la fête de saint Ignace, ainsi que le porte le contrat qui fut passé à cet effet, et dans lequel, dit-on, il est stipulé qu'il lui sera accordé cent florins par chaque jour de travail. Cette prestesse, cette facilité d'exécution qui tient du prodige, cesse d'étonner lorsqu'on sait que Rubens, en pareille circonstance, se contentoit d'arrêter une petite esquisse peinte, à l'aide de laquelle un de ses élèves exécutoit le tableau, auquel lui-même mettoit ensuite la dernière main. La galerie du Belvédère possède la petite esquisse d'après laquelle le tableau de saint Ignace a été peint.

Ce tableau et celui de saint François Xavier, son pendant, ainsi qu'une grande Assomption de la Vierge du même maître, conservés dans la même galerie, ont été acquis à Anvers en 1774, par Marie Thérèse d'Autriche, pour 54,000 florins. Le saint Ignace a été gravé par *Marinus*.

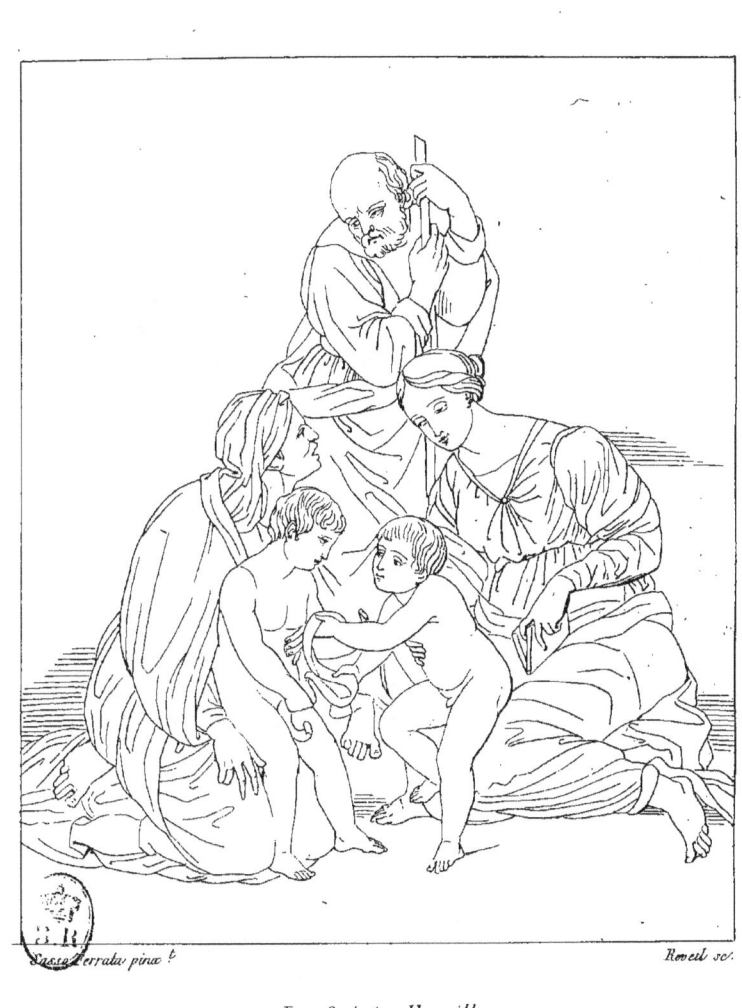

La Sainte Famille.

Gio. Battista Salvi, *dit* Sassoferrato. *Ecole* Romaine.

1605. ~~~~~~ 1685.

LA SAINTE FAMILLE.

Tableau de la Galerie de Lucien Bonaparte.

Sur toile. Moyenne grandeur.

La Vierge et sainte Élisabeth, à genoux, tiennent chacune leur fils, et les deux enfans semblent jouir de se trouver réunis. Saint Jean, avec un air respectueux, présente à Jésus une banderolle que celui-ci reçoit de la manière la plus gracieuse. Derrière eux saint Joseph, debout, les deux mains appuyées sur son bâton, regarde avec satisfaction cette scène enfantine, et semble témoigner à sainte Élisabeth, qui lève la tête vers lui pour l'écouter, combien est grande la bonté divine qui l'a rendue mère d'un si jeune et si bel enfant.

Ce tableau est une belle copie d'une sainte famille faite par Raphaël en 1516, pour Dominique Canigiani, et qui après l'extinction de cette maison, passa par succession dans celle Nerli, puis dans celle Antinori de saint Gaëtan, qui le vendit ensuite, pour une somme considérable, au marquis Carlo Renuccini, ambassadeur en Espagne. Cette copie est d'autant plus précieuse, que le tableau original est un des beaux ouvrages de Raphaël, et qu'elle-même est digne du maître dont elle offre, non pas un pastiche, mais une imitation remplie d'esprit et de goût.

On voit aujourd'hui à Munich une autre copie, jadis conservée dans la galerie de Dusseldorf, du tableau de Raphaël, dont il vient d'être question. Dans cette copie, assez médiocrement dessinée et peinte, les cinq Anges, deux à gauche, trois à droite, qui planent dans les airs, et que le Sassoferrato n'a point reproduits dans la sienne, sont différents de ceux du tableau original.

Giambattista Salvi, appelé dans sa patrie le Sassoferrato, est un de ces artistes dont les biographes se sont peu occupés, et sur lesquels il ne reste que des renseignemens épars et incomplets. On ignore quels furent ses maîtres; on sait seulement qu'il étudia d'abord sous Tarquinio Salvi, son père, qu'ensuite il alla à Rome, puis à Naples, où il y a tout lieu de croire, d'après ses ouvrages, et le nom d'un Dominico cité dans ses Mémoires manuscrits, qu'il suivit les préceptes du Dominiquin. Il fit peu de tableaux de son invention; ce sont pour la plupart des madones de petite proportion, remarquables par leur beauté et leur air religieux. Si le Salvi n'a point l'idéal des Grecs, dit Lanzi, il en a un autre analogue au caractère de la Vierge, dans l'expression de laquelle il fait surtout dominer l'humilité; la simplicité du costume répond au caractère de la tête ainsi que la modestie de sa parure qui, pourtant, ne déroge point à la dignité. Son plus grand tableau est celui que l'on voit dans la Cathédrale de Montefiascone. Le Rosaire qu'il fit à sainte Sabine, quoique d'une dimension peu inférieure au précédent, passe pour un des plus petits qui soient à Rome. Le Sassoferrato s'appliqua principalement à faire des copies de petite proportion des ouvrages de l'Albane, du Guide, du Barochi, de Raphaël et autres grands maîtres. Son coup de pinceau est plein, gracieux, mais il est un peu trop cru dans les teintes locales.

Le tableau original a été gravé par *J. Bonasone* et *René Boivin*. La copie avec les Anges l'a été par *J.-T. Prestel*. Cette estampe, de 13 pouces 2 lignes de haut sur 11 pouces 5 lignes de large, sans la marge, ne porte ni le nom du graveur ni celui du peintre. La même copie a été gravée par *C. Hess* en 1804.

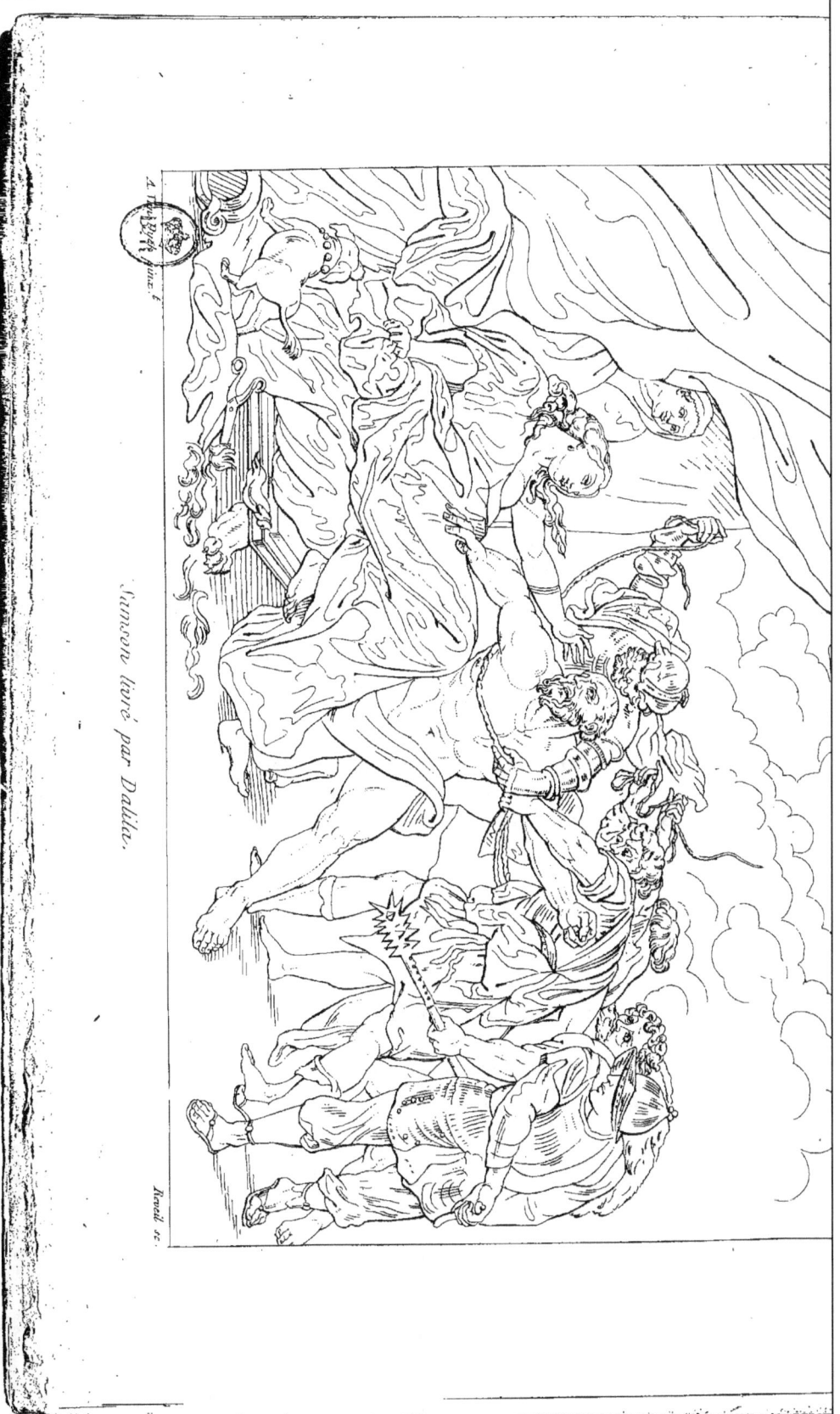

Samson livré par Dalila.

Antoine Vandyck. *École* Flamande.

1599. ~~~~~~~~~~~~~~~~~~~~ 1641.

SAMSON TRAHI PAR DALILA.

Tableau de la Galerie impériale du Belvédère à Vienne.

Sur toile. Hauteur 5 pieds 8 pouces, largeur 8 pieds 1 pouce.

Élève, et en quelque sorte émule de Rubens, Vandyck tient, après son maître, le premier rang parmi les peintres flamands. Si Rubens eut un génie plus ardent, une imagination plus féconde, un dessin plus savant, plus d'énergie dans l'expression et de fierté dans le pinceau, Vandyck, doué d'un sentiment délicat, sut charmer par le goût qu'il mit dans ses compositions, par un dessin moins lourd, de meilleur choix et plus conforme à la nature; par la naïveté de caractère et la douceur d'expression de ses figures; par l'harmonie de son coloris, la finesse, la légèreté, le soigné de son pinceau; enfin, par une très-grande intelligence du clair-obscur.

Dans la disposition de ses sujets historiques, Vandyck est ordinairement heureux, et ses compositions, conduites d'après les principes de Rubens, sont toujours bien remplies; elles ont du mouvement et de l'expression, et, si l'on n'y trouve pas cette fougue, cette surabondance de génie qui caractérisent les productions de son maître, elles ne laissent pas que de le placer au nombre des plus grands peintres d'histoire.

Quoi qu'il en soit, il faut en convenir, c'est comme peintre de portrait que Vandyck s'est immortalisé. Excepté le Titien, aucun ne peut lui disputer la palme dans ce genre, et l'on pourroit même dire que le Titien ne doit la préférence qu'on lui accorde, qu'à la vigueur du coloris, à la naïveté de l'expression; et que Vandyck, plus correct, plus noble dans le dessin de ses têtes, de ses mains, entendit mieux que lui la disposition des accessoires, les rendit avec plus de vérité, d'une plus grande manière; que ses attitudes, plus simples, plus naturelles, sont toujours celles qui conviennent au rang du personnage représenté, et qu'elles semblent être moins le résultat de l'art, que celui de l'observation des gestes, des manières, des habitudes de ses modèles; enfin, que ses teintes plus variées et sa touche plus fine et plus légère, ajoutent à ses portraits un charme qu'on ne retrouve pas ordinairement dans ceux du Vénitien. Dans les portraits de Vandyck, tout est subordonné à la tête, c'est elle toujours qui attire les regards; les mains même, qu'il peignoit et dessinoit avec une rare perfection, ne jouent jamais qu'un rôle secondaire. Dans ses têtes les parties dominantes sont celles qui, dans la nature, frappent au premier aspect : aussi ses portraits sont-ils généralement remplis de vie. Ils n'ont pas tous le même mérite : ceux qu'il exécuta sur la fin de sa carrière se ressentent de la précipitation avec laquelle il les peignit; néanmoins aucun n'est médiocre; il n'en est pas qui ne paroisse animé et ne se fasse admirer par un caractère de noblesse et de vérité.

Son tableau de Dalila, sans être un de ses meilleurs ouvrages, se fait remarquer par le mouvement de la composition et la vie donnée à chaque personnage; mais les costumes sont bizarres, l'expression de Samson est outrée, celle de Dalila est peu noble; les draperies ainsi que les effets de lumière sont tourmentés et fatiguent l'œil. La figure de Samson est bien dessinée.

Ce tableau a poussé au noir; il a été gravé par *Snyers*.

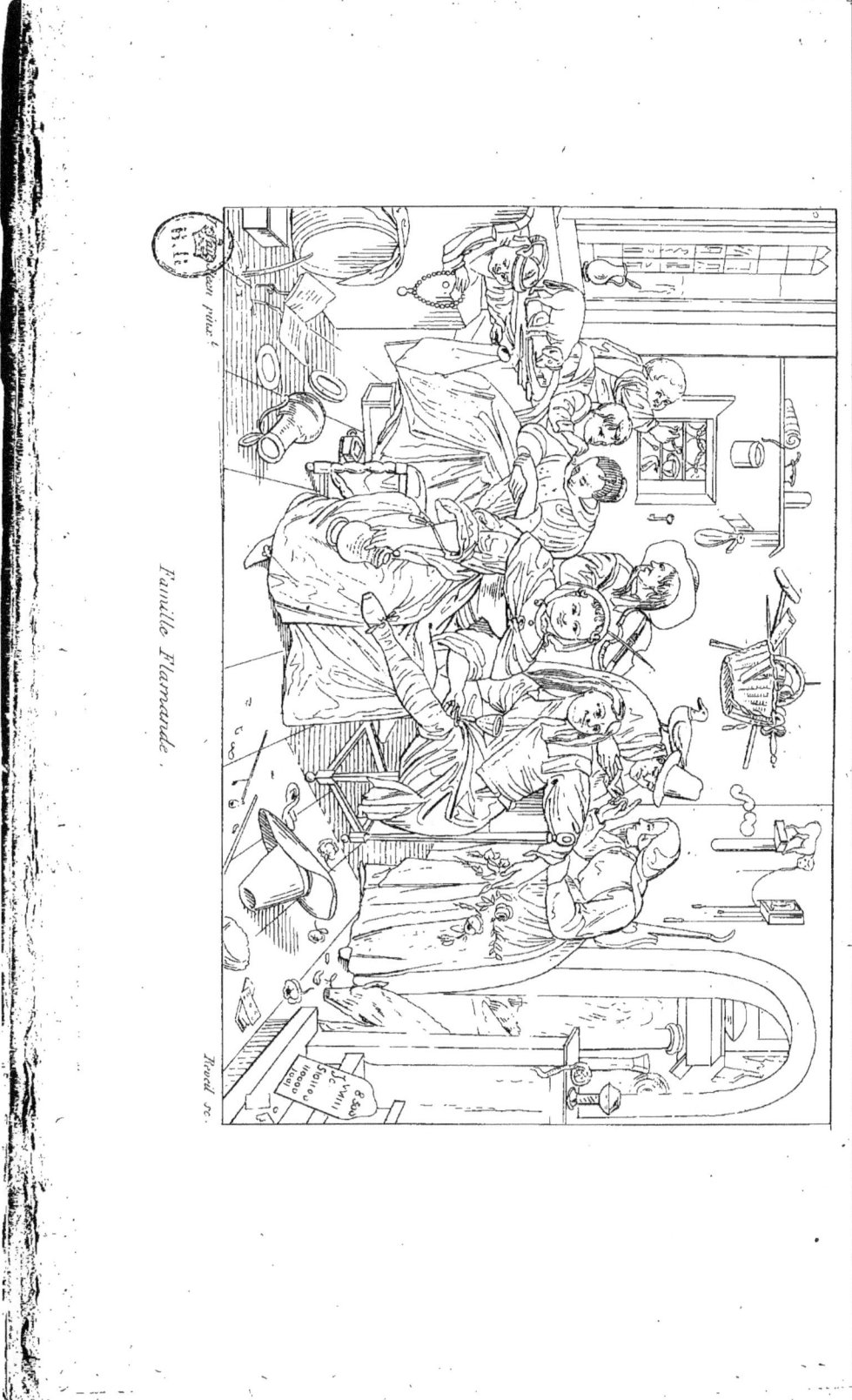

Famille Flamarde.

Jean Van Steen. École Hollandaise.
1636. ~~~~~~~~~~~~~~~~~~~~~~~~~~~~~~ 1689.

RÉUNION JOYEUSE.

Tableau de la Galerie impériale du Belvédère.

Sur toile. Hauteur 3 pieds 3 pouces, largeur 4 pieds 7 pouces.

La scène ici représentée est un assemblage de ces épisodes dont, par état et par goût, Van Steen étoit souvent le témoin. La lumière oblique qui l'éclaire, le désordre complet des meubles de l'appartement, les cartes, les vases renversés à terre, l'action de la maîtresse de la maison plongée dans un profond sommeil, les restes du repas dont s'empare le chien monté sur la table, tout annonce que la réunion joyeuse a passé la nuit dans la débauche, et que l'on est au matin. Le groupe principal est formé d'une jeune femme qui présente à boire à un jeune gentilhomme assis près d'elle. Derrière est un vieillard faisant la lecture à une vieille femme, qui paroît bien plus occupée du gentilhomme que de lui. A la place que devroit tenir la dame du logis, est un enfant qui s'est emparé de la caisse, et fait circuler l'argent à sa manière; un autre enferme dans une petite armoire une bourse qui paroît avoir été soustraite; un troisième donne un camouflet à sa mère pour la réveiller, tandis qu'un porc se repait du vin qui coule d'un tonneau dont il est parvenu à tourner la canelle, et qu'un singe, grimpé sur un porte-manteau, met l'horloge en déroute. Pour compléter le tintamarre, il ne manquoit qu'un racleur de violon : le peintre s'est représenté lui-même dans le personnage qui remplit cette noble fonction. Son nom et la date de 1663 inscrits sur le tonneau, ne pouvoient être mieux placés pour rappeler et ses goûts crapuleux et le désordre de sa vie.

Ce tableau se fait particulièrement remarquer par l'entente merveilleuse du clair-obscur; la lumière y est distribuée avec tant d'art, l'expression des personnages est tellement d'accord avec le caractère, le sexe, l'âge de chacun; il y a tant de vérité dans leur action, que le tout paroît être la représentation de la nature prise sur le fait.

Jean Steen, élève de Knupfer, de Brauwer, de Van Goyen, tient un rang fort extraordinaire parmi les artistes de sa nation. En se livrant à des sujets vils et bas, il s'est quelquefois élevé jusqu'aux traits de l'histoire sacrée, et a peint avec le même succès en grand et en petit. Les querelles, les tabagies, les repas d'ivrognes, la joie turbulente des gens du peuple occupèrent de préférence ses pinceaux : il étoit cabaretier, il observoit les buveurs, buvoit avec eux, et n'abandonnoit la partie que quand ses caves étoient vides. C'est alors que, revenu à lui-même, il songeoit à mettre en pratique ses observations : original dans le choix, et la tête remplie d'idées, aucune des expressions, des inclinations, des vérités de la nature abrutie, n'a échappé à son esprit. J. Steen, dans ses sujets plus relevés, montre encore l'écorce de cette nature; mais il entraîne par la force de l'expression, l'excellence de l'exécution, la vérité et la beauté du coloris.

Sa réunion joyeuse n'a point été gravée.

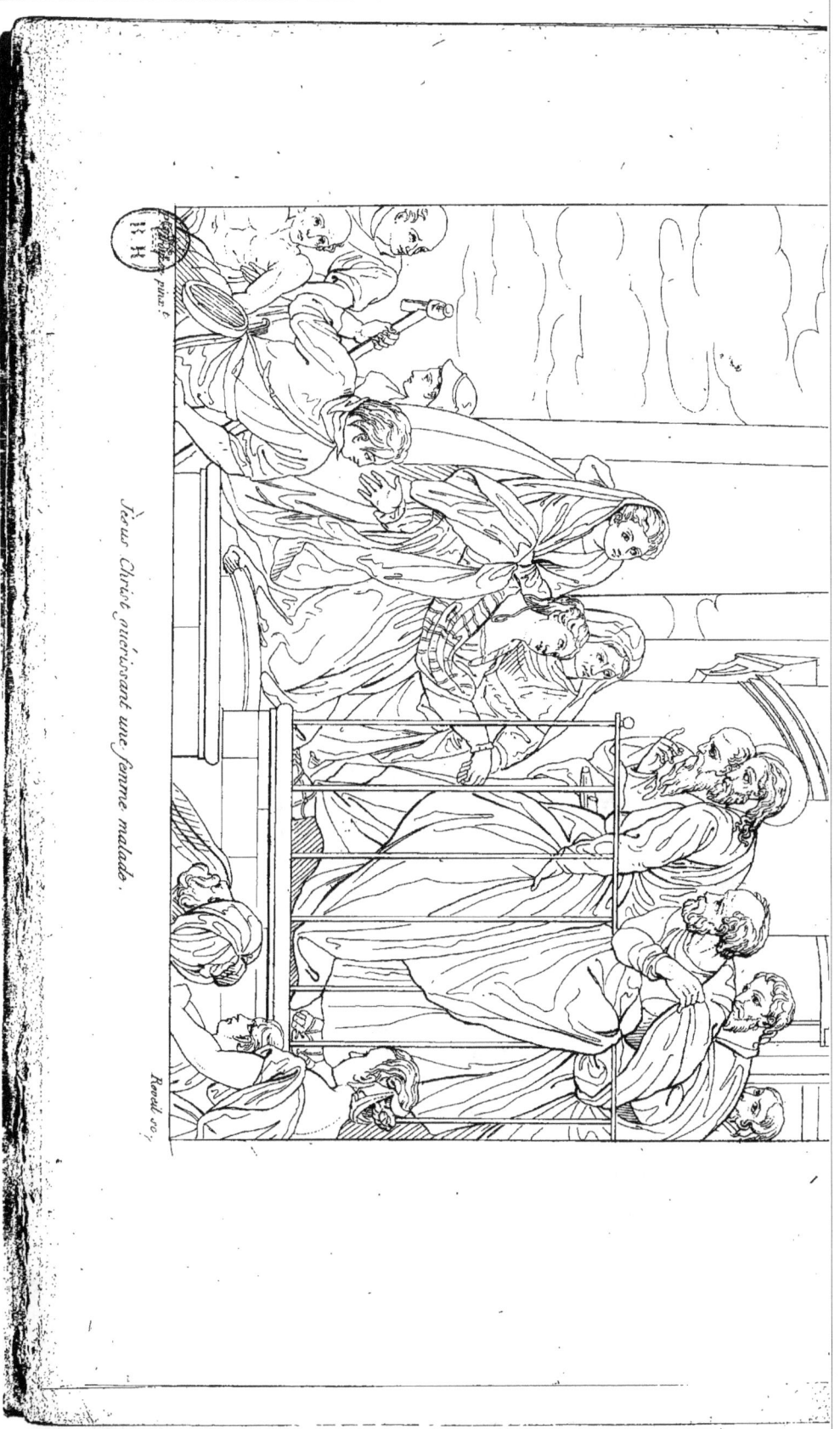

Jesus Christ guérissant une femme malade.

P. Caliari, dit Paul Véronèse. École Vénitienne.
1528. ~~~~~~~~~~~~~~~~~~~~~~~~~~~~ 1588.

JÉSUS-CHRIST GUÉRISSANT UNE FEMME MALADE.

Tableau de la Galerie impériale du Belvédère.

Sur toile. Largeur 4 pieds 3 pouces, hauteur 3 pieds 2 pouces.

Jésus s'étant mis en chemin pour aller chez Jaïrus, afin de guérir sa fille mourante, une femme attaquée depuis douze ans d'un mal très-douloureux, s'approcha de lui par derrière pour toucher l'extrémité de sa robe, persuadée que par cela seul elle seroit guérie. Jésus l'ayant aperçue, elle se jeta à ses genoux, lui avouant son dessein et ses vœux. Le fils de Dieu, plein de bonté, lui répondit : « Consolez-vous, ma fille, votre foi vous a sauvée. »

On a regardé cette scène comme difficile à représenter, parce qu'elle peut aisément se confondre avec un autre événement, où, de même en présence des disciples, une femme se jette aux pieds de Jésus pour le conjurer de sauver son fils. C'est crainte de ne point assez bien désigner lequel de ces deux sujets il a voulu traiter, dans un tableau dont nous avons donné l'esquisse, qu'Annibal Carrache a introduit dans sa composition un attribut dégoûtant. Mais quoique dans ces deux scènes il y ait une grande ressemblance de personnes, d'actions et de lieux, elles sont cependant de nature à pouvoir être très-bien distinguées l'une de l'autre, comme l'a fait ici P. Véronèse. La femme vient de se jeter aux pieds de J.-C. : pâle, tremblante, l'œil languissant, elle exprime par sa contenance la confiance sans bornes qui l'anime et lui fait tout oser. Personne ne confondra cette femme avec celle qui, n'étant point malade, presse jusqu'à trois fois le Sauveur de guérir son fils : celle-ci ose à peine toucher le vêtement de Jésus, et aussitôt qu'elle en est aperçue, elle devient toute tremblante. La même perfection avec laquelle cette femme est représentée règne dans toutes les autres parties du tableau, et répond parfaitement à ce grand principe de l'art qui veut que toute composition soit facile à saisir et s'explique de soi-même. La disposition du groupe sur un terrain inégal, manière assez usitée dans l'école vénitienne, donne à toute la composition un très-bon effet; et l'on voit aussitôt que la scène n'a lieu qu'en passant. Le dessin en est d'assez bon goût et même grandiose, les attitudes heureuses pour la plupart, les airs de tête expressifs, les draperies larges et bien disposées. Quant au coloris, il est, comme dans tous les beaux ouvrages du maître, d'une franchise, d'une vérité qu'on ne peut trop louer. Le costume même, contre lequel Caliari pèche souvent d'une manière choquante, n'a rien ici d'absolument répréhensible. Ce tableau, quoiqu'un des plus petits du maître, n'en est pas moins digne de sa grande renommée. Il a été gravé in-8° par *Blaschke*.

La galerie du Belvédère possède 18 tableaux de *P. Véronèse*, savoir : 1° L'Adoration des Rois; 2° La Résurrection de J.-C.; 3° La Vierge, Jésus et sainte Catherine; 4° La Vierge, sainte Barbe et deux religieuses; 5° Sainte Madelaine lavant les pieds de J.-C; 5° La Samaritaine; 7° La Femme adultère; 8° Judith avec la tête d'Holoferne; 9° S. Jean-Baptiste; 10° Martyre de saint Sébastien; 11° Curtius se précipitant dans l'abîme; 12° Mort de Lucrèce; 13° Hercule entre le Vice et la Vertu; 14° Enlèvement de Déjanire; 15° Portrait de M. A. Barbaro, ambassad. de Venise; 16° Portrait d'un général inconnu; 17° Femme avec un enfant; 18° Portrait d'un jeune garçon.

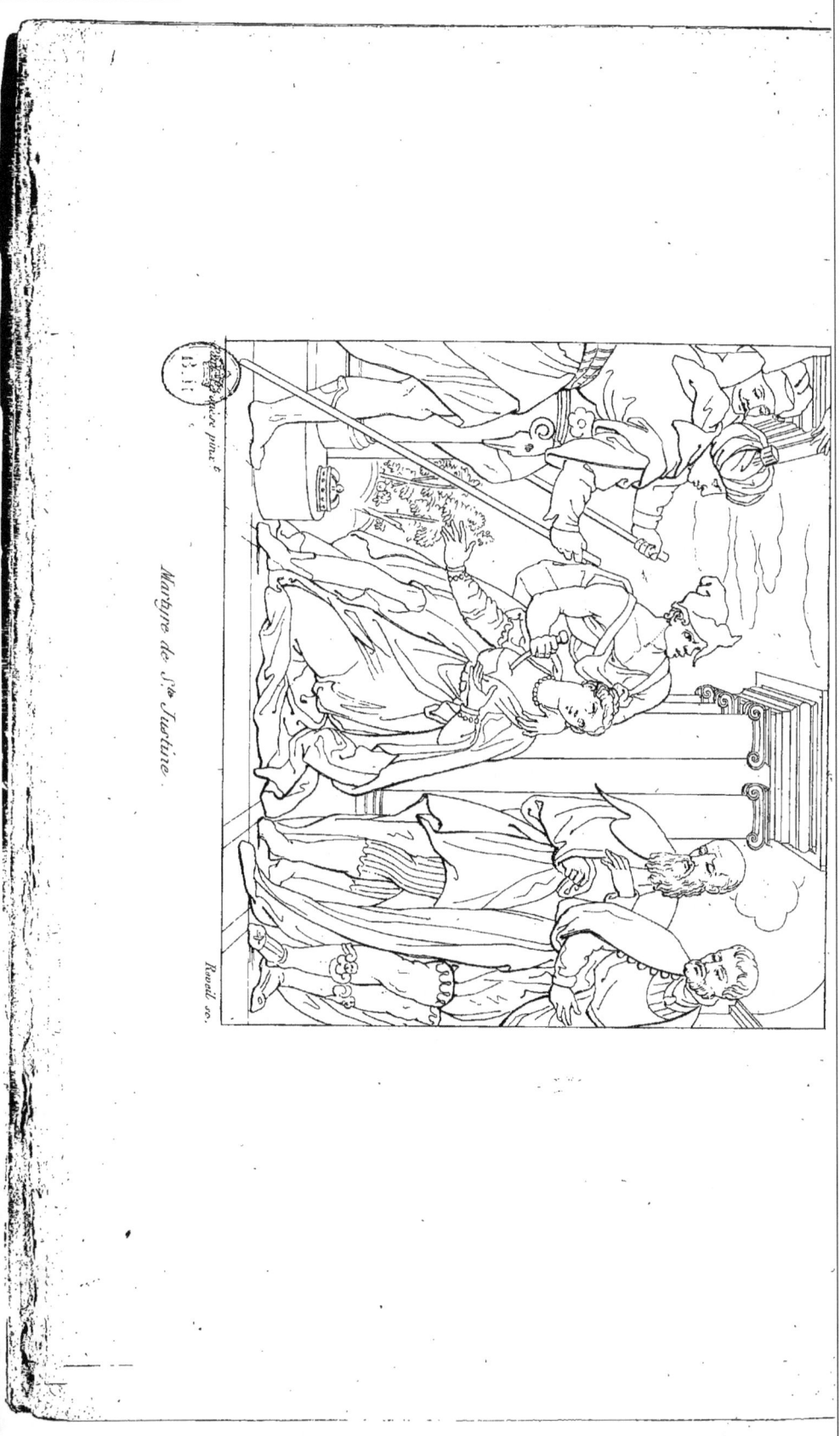

Martyre de Ste Justine.

Paul Caliari, dit Paul Véronèse. École Vénitienne.

1528. ~~~~~~~~~~~~~~~~~~~~~~~~~~~~~~ 1588.

MARTYRE DE SAINTE JUSTINE.

Tableau de la Galerie de Florence.

Sur toile. Largeur 4 pieds 6 pouces et demi, hauteur 4 pieds.

La patrone de Padoue agenouillée, une main étendue et l'autre rapprochée de son cœur, comme pour protester de sa pureté, reçoit dans le sein, de la main du bourreau, le coup qui doit la placer au rang des bienheureux. Pleine de confiance dans la bonté divine, elle tourne vers le ciel ses regards mourans, dans lesquels se peint la satisfaction qu'elle éprouve de donner à son Dieu une marque certaine de son amour pour lui. A sa droite, deux chefs, en habits orientaux, sont frappés d'étonnement et d'admiration à la vue du courage de l'héroïne. Au côté opposé, deux gentilhommes, vêtus à la vénitienne, le visage troublé et abattu, déplorent le sort de cette jeune vierge. La scène se passe près d'un temple dédié aux faux dieux.

Nous ne nous appesantirons pas sur ce que les lignes de la composition, le dessin du nu, et le costume des personnages peuvent offrir de répréhensible : cette production n'est, à bien dire, qu'un de ces essais, en partie ébauchés, par lesquels Paul Véronèse se préparoit à l'exécution du grand tableau qu'il fit pour l'église de sainte Justine de Padoue, et que la gravure d'Augustin Carrache a suffisamment fait connoître. Ce qui rend cet ouvrage précieux, c'est la manière dont il est exécuté. L'ébauche est à la détrempe, tandis que le fini est à l'huile. Cette méthode, fréquemment employée par Paul Véronèse, avec son pinceau facile, produit cette vivacité, cette transparence, cette fraîcheur de teintes qui distinguent ses ouvrages, et particulièrement celui-ci, qui, de plus, mérite beaucoup d'éloges sous le rapport de l'expression des personnages; celle de la jeune martyre surtout est admirable.

Ce tableau n'a point été gravé.

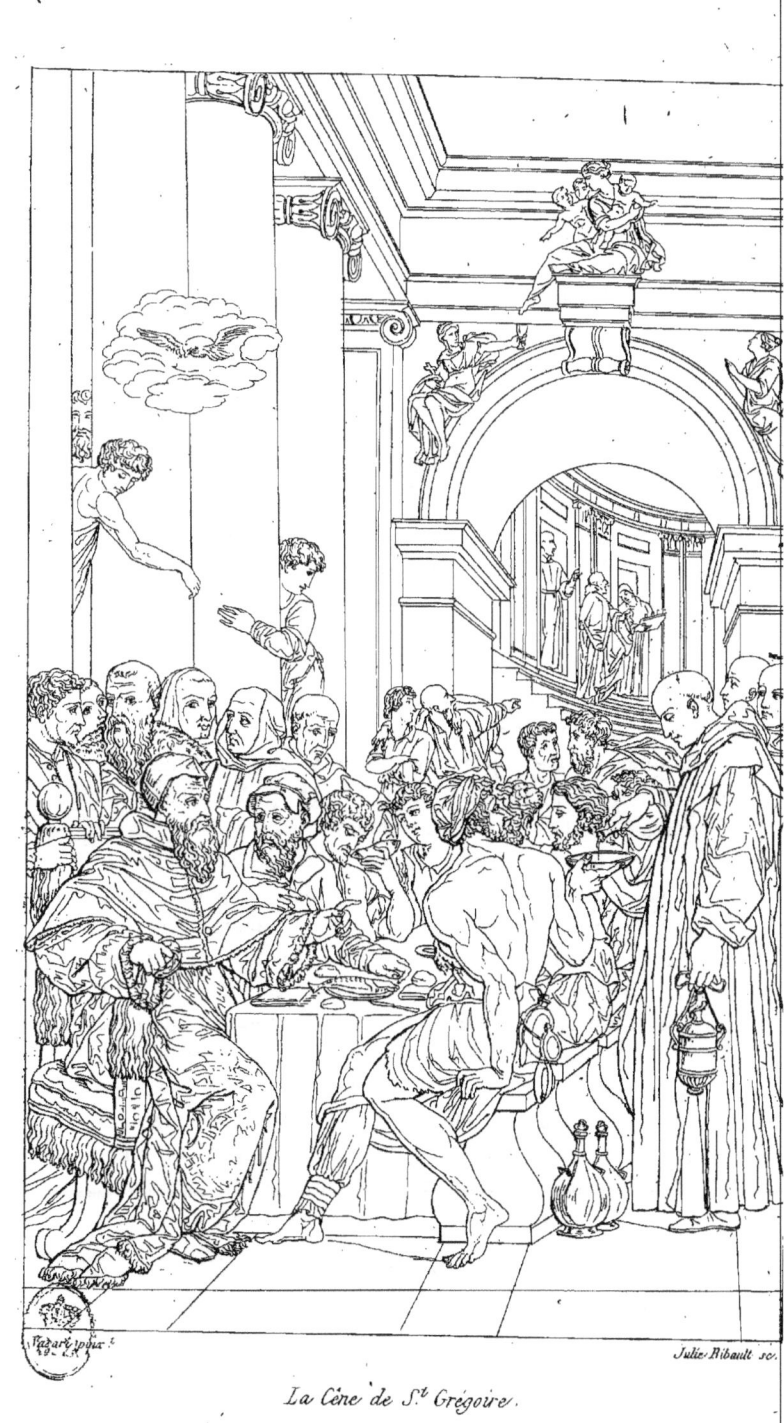

La Cène de S.t Grégoire.

Giorgio Vasari. École Florentine.
1512. ~~~~~~~~~~~~~~~~~~~~~~~ 1574.

LA CÈNE DE SAINT GRÉGOIRE-LE-GRAND.

Tableau de la Galerie de Bologne.

Sur bois. Hauteur 12 pieds 2 pouces, largeur 8 pieds 4 pouces.

Georges Vasari, né à Arezzo, d'une famille amie des beaux arts, fut d'abord élève d'un peintre sur verre, et ensuite d'André del Sarte et de Michel-Ange. Mal récompensé de ses premiers ouvrages, il abandonna la peinture pour se livrer à l'orfévrerie; la fortune ne lui ayant pas été plus favorable dans cette nouvelle profession, il reprit les pinceaux, dessina toutes les sculptures antiques, toute la chapelle sixtine de Michel-Ange, tous les ouvrages de Raphaël qu'il put rencontrer, et se forma un style où l'on retrouve facilement les traces de tant de bonnes études, et surtout la prédilection qu'il eut pour la manière du Buonarroti. Devenu bon dessinateur, habile architecte, et, comme Raphaël, Perina del Vage, Jules Romain, réunissant cette variété de connoissances qui les rendirent capables de présider seuls à la construction et à l'embellissement des plus vastes édifices, il fut bientôt connu de toute l'Italie et chargé d'une immense quantité de travaux. L'amitié qu'eut pour lui le cardinal Hippolyte de Médicis ne contribua pas peu à sa fortune; mais sa célébrité nuisit à la solidité de sa réputation, en ce sens, qu'ayant voulu satisfaire à toutes les demandes qui lui étoient faites, non content, pour y réussir, de se faire aider par une foule de jeunes élèves, il adopta une manière expéditive, par conséquent peu étudiée, négligea la correction des formes, empâta peu ses tableaux, et produisit ainsi une foule d'ouvrages qui sont indignes de la renommée qu'il s'est acquise par plusieurs de ses peintures du Vieux palais, à Florence, par son tableau de la Conception à l'église du saint Apôtre de la même ville, son saint Jean décollé dans l'église de ce nom à Rome, où l'on admire une très-belle perspective, son festin d'Assuérus, qu'il peignit pour les Bénédictins d'Arezzo, et quelques portraits que le Bottari n'a point hésité à caractériser par le nom de *Giorgineschi*. Par ce qui précède, on voit que Vasari n'occupe qu'un rang secondaire entre les maîtres qui ont illustré la peinture. Dans un autre article, nous le ferons connoître comme littérateur et comme historien de l'art; l'on verra que sous ce dernier rapport il s'est fait un nom qui passera à la postérité.

Le sujet du tableau dont nous donnons le trait, n'est point une cène sacrée ou miraculeuse, comme le titre que les Italiens lui ont donné pourroit le faire croire, mais un festin, un de ces repas journaliers où saint Grégoire-le-Grand admettoit à sa table douze pauvres qu'il faisoit servir par les moines de son ordre. La composition en est riche jusqu'à la confusion; les physionomies expriment diversement l'impression que font sur chaque convive les paroles persuasives du Saint-Père, qui discourt avec eux sur les vérités du christianisme. L'Esprit-Saint, sous la figure d'une colombe, préside à cette réunion, qui a lieu dans un temple d'une riche architecture. Cet ouvrage, un peu lestement exécuté et d'un coloris faible, est un des trois sujets de l'Histoire sacrée que Vasari peignit dans le réfectoire du monastère de Saint-Michel in Bosco, à Bologne, à l'époque où il travailloit plus pour sa gloire que pour sa fortune. Il a été gravé petit in-fol. par *G. Tomba*.

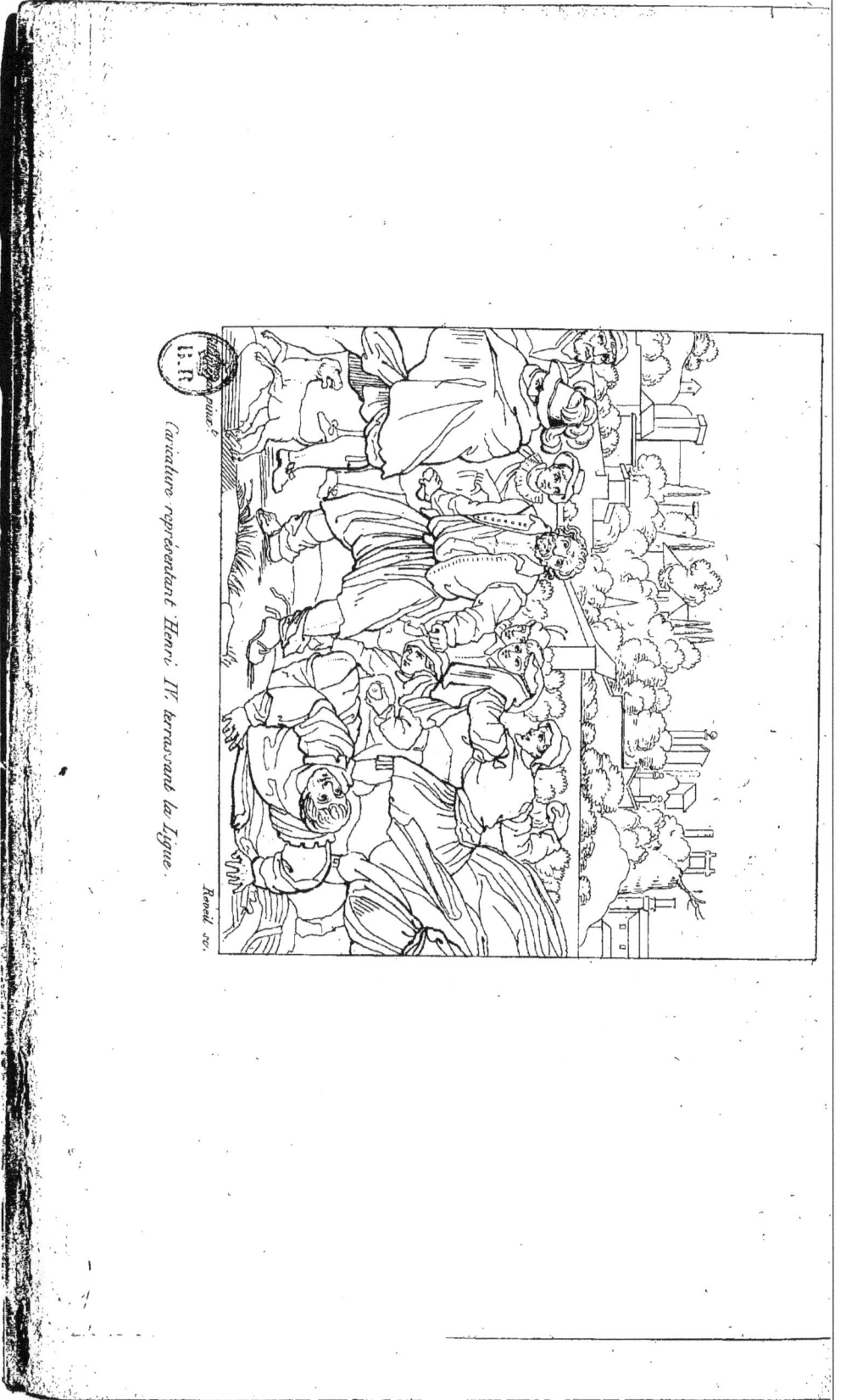

Caricature représentant Henri IV terrassant la Ligue.

François Villamène. Ecole Romaine.

Vers 1566. ————————— 1626.

HENRI IV TERRASSANT LA LIGUE.

Tableau de la Galerie de Lucien Bonaparte.

Sur toile; figures de moyenne proportion.

François Villamène, que Barth n'a pas mentionné dans son précieux ouvrage le *Peintre graveur*, sans doute parce qu'il a ignoré que ce graveur mania quelquefois le pinceau, ou parce que cet artiste fut plus graveur que peintre, mérite toutefois d'occuper un rang parmi les peintres; le tableau dont nous allons nous occuper en est la preuve.

Ce n'est à la vérité qu'une caricature, dont le sujet, aujourd'hui que l'à-propos n'existe plus, est à peu près inintelligible; mais, comme dans cette caricature il y a de l'invention, des caractères de tête bien rendus et originaux, de la science dans la disposition générale de l'ensemble et une exécution qui rappelle l'école des Carraches dont Villamène est sorti, elle doit prendre place parmi les productions remarquables de la peinture. Du reste, nous doutons que le titre qu'on lui a donné réponde à l'intention de l'artiste. Il est vrai que la date de 1601, placée au bas de l'estampe exécutée par Villamène lui-même d'après cette composition, s'accorde assez bien avec le temps où Henri IV devint complètement maître de cette redoutable ligue qui voulut lui fermer le chemin d'un trône, auquel sa naissance lui donnoit des droits incontestables : il est vrai aussi qu'on ne peut méconnoître Henri IV dans le personnage qui occupe le milieu de la scène; que, dans celui qui s'enveloppe entièrement de son manteau, il est à croire que le peintre a voulu caractériser Philippe II, roi d'Espagne, le plus acharné des ennemis du prince de Navarre; que de l'autre côté, on pourroit reconnoître le duc de Mayenne ou de Lorraine, dans celui qui est vu de profil, et le duc de Guise dans celui dont on n'aperçoit, sur le tableau, que la partie inférieure, mais qui, sur la gravure de Villamène déjà citée, est représenté en entier et se baissant, dans sa fuite, pour ramasser les pierres qu'il veut jeter à son heureux adversaire. Il est vrai encore qu'il serait facile de donner également un nom aux autres personnages qui occupent le second plan de cette scène grotesque, et multiplier ainsi les conjectures; mais cela ne devant rien ajouter au mérite du tableau, puisqu'on ne peut sérieusement le considérer comme représentant un sujet historique, nous n'y verrons, comme beaucoup d'autres, qu'une scène de *gourmeurs*, ou, si l'on veut, Henri IV, dans le costume campagnard qu'il prenoit, dit-on, pour aller clandestinement voir sa maîtresse, la belle Gabrielle, assailli par une troupe de paysans espagnols qui le méconnoissent sous ce déguisement grossier.

Comme graveur, Villamène tient un rang distingué parmi les artistes; sa gravure est soignée, propre, agréable, mais si peu chargée de travaux, qu'elle paroît être destinée à rendre plutôt des dessins légèrement indiqués, que des tableaux coloriés. Il en résulte un sentiment de maigreur qui détruit bientôt l'idée de la facilité du burin qu'on lui suppose à la première vue. Il passe pour fort dessinateur: cependant on rencontre assez souvent dans ses ouvrages des contours maniérés et des extrémités peu correctes. Plusieurs historiens de l'art ont dit de lui, qu'il a gravé aussi dans le goût de Mellan. Ceci est erroné en ce sens, qu'étant mort l'année même où naquit Mellan, il n'a pu être son imitateur. Villamène, né vers 1566 à Assise, et mort à Rome, théâtre de sa gloire, en 1626, fut élève, pour la gravure, de C. Cort, conjointement avec Auguste Carrache son antagoniste.

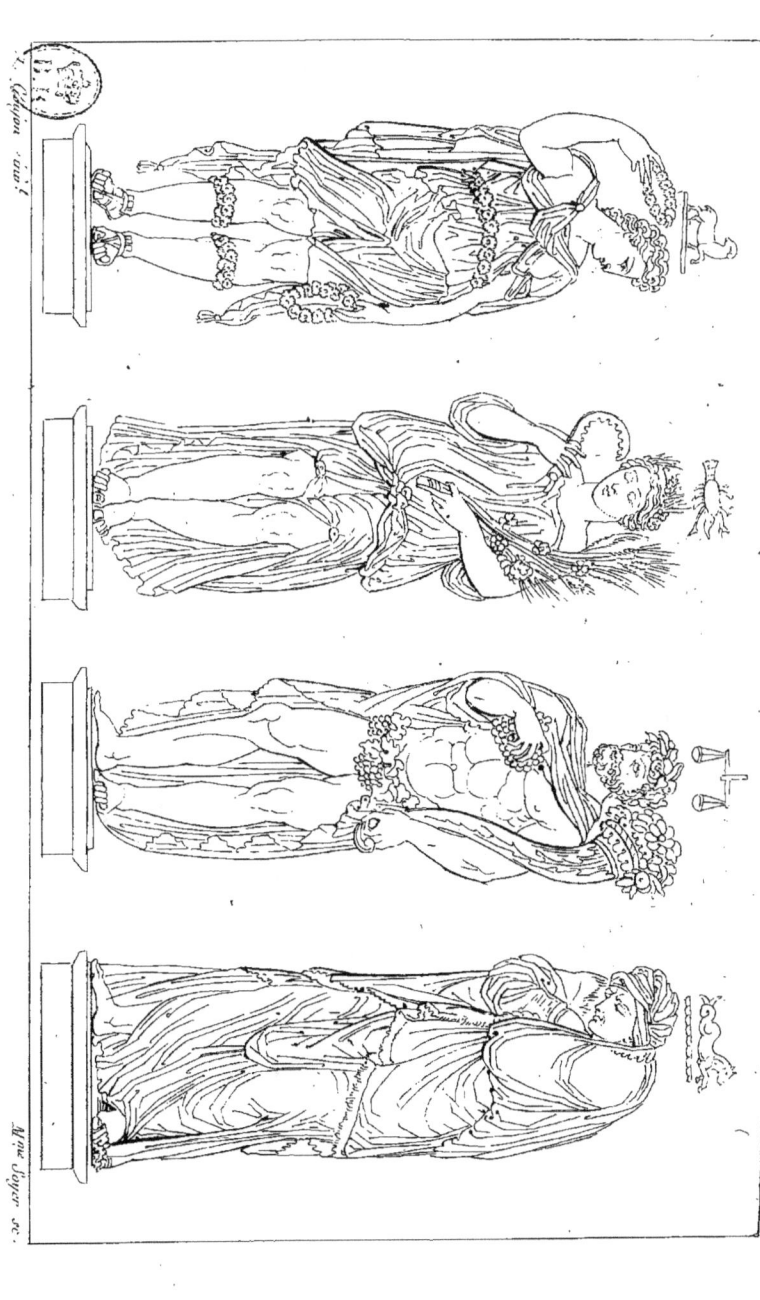

Les quatre saisons.

Sculpture moderne.

Jean Goujon. *École Française.*

Vers 1520. .... 1572.

LES QUATRE SAISONS.

Figures en demi-bosse de l'hôtel Carnavalet, à Paris.

En pierre, 10 pieds environ.

Nous allons souvent chercher bien loin, dans les arts qui tiennent aux plus nobles facultés de l'esprit, des rapprochemens heureux, lorsque, si nous le voulions, il seroit facile de les trouver près de nous. Par exemple, au XVIe siècle, Jean Goujon, notre incomparable sculpteur, exécute à l'hôtel Carnavalet, rue Culture-Sainte-Catherine, au Marais, les quatre statues dont nous donnons le trait; et dans le siècle suivant, Mme de Sévigné occupe pendant quelque temps ce même hôtel. N'est-il pas agréable pour l'ami des touchans souvenirs, de confondre dans son estime et le grand artiste et la dame auteur sans le savoir, à qui l'on doit tant de lettres ingénieuses? Ils eurent ensemble plus d'un point de ressemblance. Jean Goujon songeoit à la grâce avant tout; dût-elle même coûter quelque chose à la correction de son ciseau. Il exprimoit ses idées d'un premier jet; et cependant c'est toujours avec un nouveau plaisir que l'on vient, que l'on revient sans cesse admirer ses productions.

A cet aperçu fidèle de ses ouvrages, si l'on substitue celui des lettres de Mme de Sévigné, écrites sans art, péchant peut-être quelquefois contre les règles rigoureuses de la grammaire, mais qui feront à jamais les délices des amateurs du naturel et de la grâce, on sera frappé de ce rapprochement. Revenons à notre artiste.

Jean Goujon, le premier sculpteur dont la France ait eu à s'enorgueillir, n'est connu que par ceux de ses ouvrages qui ornent nos monuments publics, et par sa fin tragique le jour de la Saint-Barthelemy. Du reste, aucune particularité de sa vie n'est parvenue jusqu'à nous, et l'on ignore encore la date et le lieu de sa naissance. Tous les historiens de l'art s'accordent, il est vrai, à le dire Parisien; mais ils n'ont d'autre autorité pour cela que la quantité de ses chefs-d'œuvre répandus dans cette capitale, et s'ils avaient su, comme nous, que la ville d'Alençon possède un grand nombre de productions de son ciseau, que ces sculptures sont en bois et exécutées, non par suite de la protection des grands, mais pour le compte de simples particuliers, que de temps immémorial la famille des Goujon résida dans cette ville, que cette famille, qui était protestante, s'est perpétuée du côté des femmes jusqu'à nos jours, et qu'elle n'est éteinte que depuis peu d'années, ils n'auroient probablement pas balancé à le croire Normand, et natif d'Alençon.

Mais, que le fait de la naissance de Jean Goujon, à Alençon, s'éclaircisse un jour ou non, on n'en ignorera pas moins quels furent ses maîtres, s'il a vu l'Italie, comme ses ouvrages le donnent à croire; et c'est là principalement ce qu'il seroit intéressant de savoir. Puisque cet artiste ne doit se survivre que par ses œuvres, nous nous ferons un devoir de publier dans ce recueil tous ceux de ses travaux qui jusqu'ici n'ont point été reproduits par la gravure, et qui, par cela seul, sont restés ignorés du plus grand nombre des amateurs.

Ses quatre figures de l'hôtel de Carnavalet, par leur mérite et leur proportion colossale, doivent passer en premier lieu. Usant du droit que se sont arrogé de tout temps les artistes et les poëtes, de varier à leur gré le sexe des saisons, Jean Goujon a donné au Printemps la figure d'un jeune homme; une femme, belle comme elles le sont à vingt-cinq et trente ans, représente l'Été. L'Automne est reconnoissable dans l'homme parvenu à la maturité de l'âge, que le sculpteur lui a donné pour symbole, et l'on ne peut méconnoître l'Hiver dans la femme courbée sous le poids des années, enveloppée complétement dans des vêtements amples qui déguisent ses formes décrépites, et lui donnent une dignité, qu'un visage beau et noble, quoique empreint des ravages du temps, augmente encore. Ces quatre figures, placées sur les trumeaux du premier étage de la façade principale de l'hôtel Carnavalet, sont du plus grand style; on y reconnoît facilement, au goût des ajustements, à la simplicité, à la grâce, à la naïveté des poses, au choix des accessoires, à la finesse des têtes, à la correction des formes et au soigné de l'exécution, l'auteur des sculptures inimitables de la fontaine des Innocents. Elles produisent l'effet le plus heureux du point de vue où l'on doit les regarder. En cela, elles sont une nouvelle preuve du goût, de la science que montra toujours Jean Goujon, lorsqu'il dut associer son ciseau à des conceptions architecturales, qu'il en fût ou non l'auteur (1).

(1) L'hôtel Carnavalet est l'ouvrage de trois architectes célèbres : commencé par J. Bullant, continué par Ducerceau, il a été achevé par F. Mansart, à qui l'on sait beaucoup de gré d'avoir respecté la décoration de J. Goujon, et de l'avoir complétée par huit autres figures, qui, pour n'être pas comparables à celles du Corrège de la sculpture, ne sont cependant pas sans mérite. Le nom de l'artiste à qui elles sont dues, ne nous est point connu.

Si l'on regrette que ces quatre figures ne soient point en marbre, on doit reconnoître qu'elles ont, jusqu'à ce jour, été parfaitement conservées. Les deux figures allégoriques, la Force et la Vigilance, en bas-relief, qui sont placées au-dessus de la corniche du soubassement du même hôtel, sont également de Jean Goujon. C'est tout l'éloge que nous en ferons.

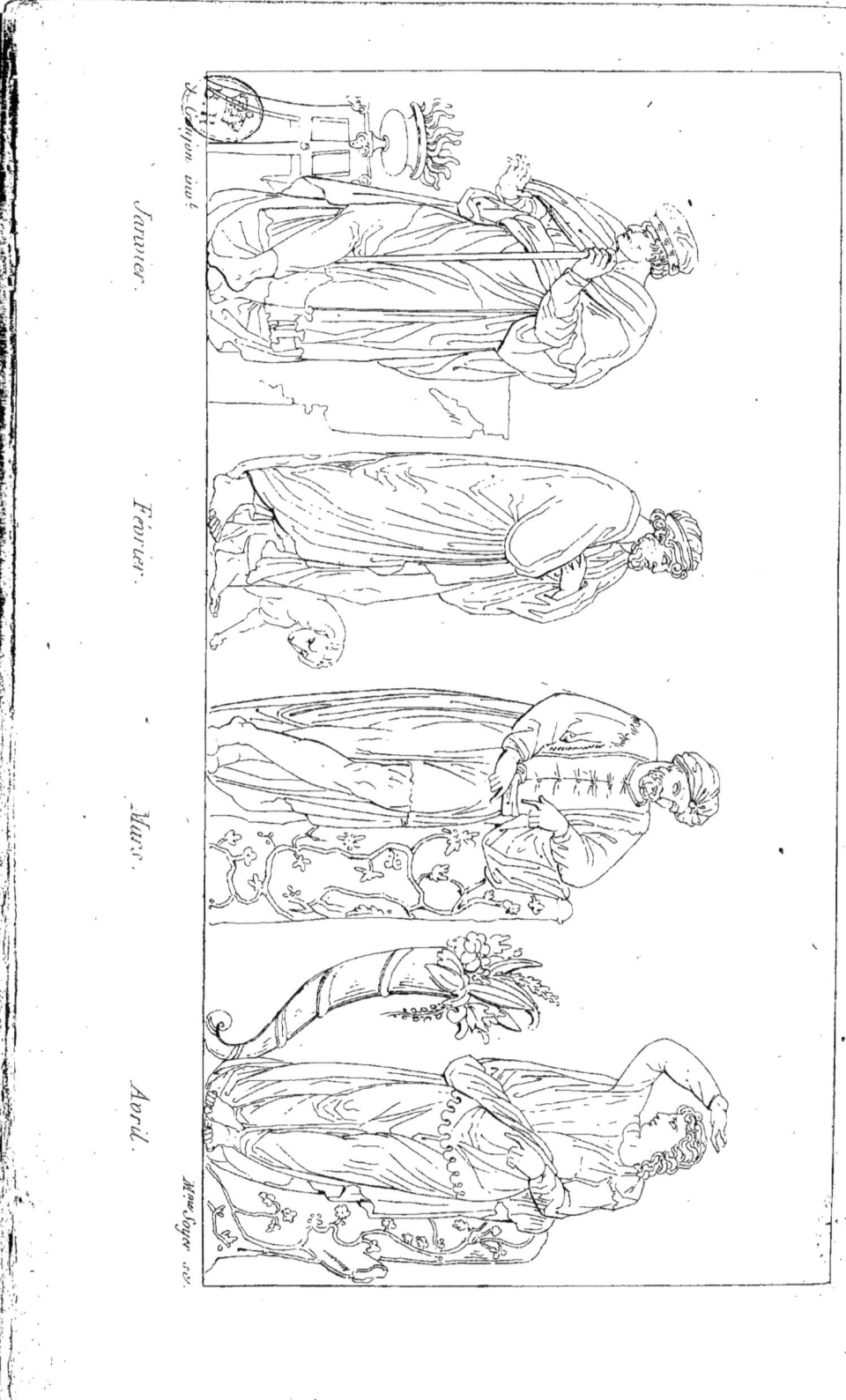

Mai. Juin. Juillet. Août.

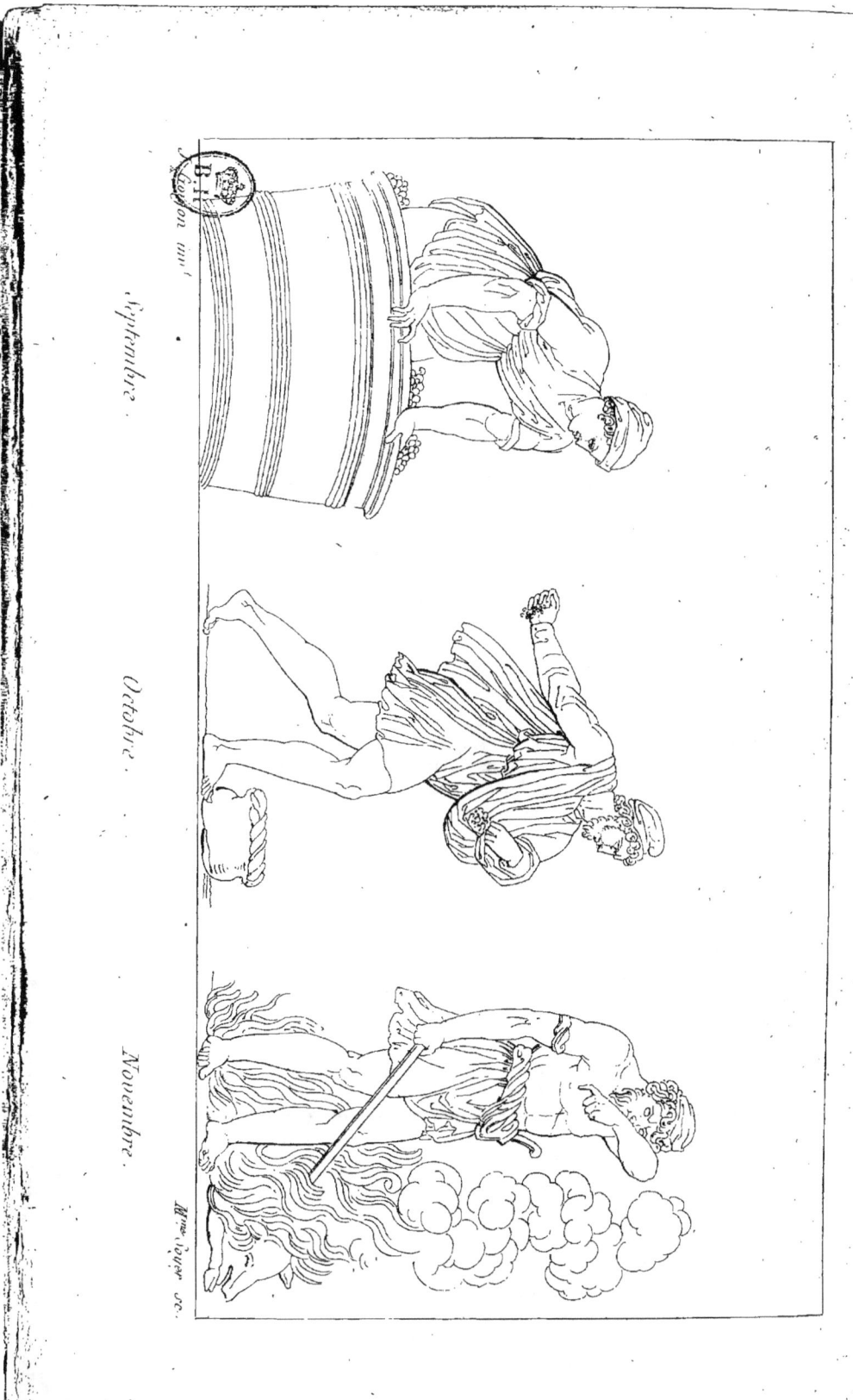

Sculpture moderne.

Jean Goujou. École Françoise.

Vers 1520. ~~~~~~~~~~~~~~~~~~~~~~~~ 1572.

LES MOIS DE L'ANNÉE.

Bas-reliefs de l'Hôtel-de-Ville de Paris.

En bois, moyenne proportion.

Le célèbre sculpteur françois qui exécuta les *quatre saisons* pour l'hôtel de Carnavalet (*voyez* leur article dans ce recueil) fut aussi chargé de représenter, dans une des salles de l'Hôtel-de-Ville, les douze mois de l'année. Le bois fut alors la matière qui exerça ce ciseau que la grâce n'abandonna jamais, et de qui plus d'une production pourroit inspirer l'exclamation, outrée peut-être, mais provenant d'une âme fortement émue, qui échappa au grand Michel-Ange, devant quelques statues en pierre de Donatello : « *Se questa pietra diventasse marmo, guai alle statue antiche.* » « Si cette pierre devenoit marbre, malheur aux statues antiques ! » Bornons-nous à observer que le marbre, indépendamment des chances d'une plus parfaite conservation, eût offert, plus que le bois, à Jean Goujon, les moyens d'exprimer ces délicatesses, ces nuances naïves qu'il savoit si bien saisir sur le naturel et retracer en les embellissant.

Les bas-reliefs dont on donne ici le trait méritent à plus d'un titre de fixer l'attention. D'abord, le sujet offroit de grandes difficultés à l'artiste, par la ressemblance qu'aura toujours chaque mois, représenté symboliquement, avec le mois qui le précède et celui qui le suit : ici plus de caractères fortement prononcés comme dans la représentation des quatre saisons. L'obstacle est si réel que l'estimable et malheureux Roucher ne put le faire disparoître dans le poëme que ce sujet lui inspira. A cette difficulté déjà très-grande, Jean Goujon semble avoir voulu en joindre une autre, née de sa propre volonté; au lieu de varier le sexe de ses figures, par une licence qu'on n'eût pas été tenté de lui reprocher, cet artiste, qui sut si bien rendre les charmes des femmes, s'imposa la loi de ne représenter ici que des figures d'hommes.

Mais un si grand maître a tiré de cette difficulté même une foule de beautés, résultant du contraste de l'âge, de l'action et même du costume de ses personnages. Sans fermer les yeux au prodigieux mérite des sculpteurs anciens, dont les ouvrages seront toujours les types du vrai beau, il est permis d'avancer que des artistes tels que Michel-Ange, Jean Goujon et un très-petit nombre d'autres parmi les modernes, en s'écartant de la route frayée par leurs prédécesseurs, ont enrichi l'art de beautés nouvelles. Au lieu de représenter ici les mois de l'année dans des attitudes à peu près semblables, et de ne les caractériser que par leurs attributs, marche qu'auroient suivie la plupart des sculpteurs de l'antiquité, Jean Goujon a jeté parmi ses figures une variété charmante : l'inspection des trois planches où elles sont fidèlement retracées nous dispense d'une description minutieuse et superflue. Disons seulement qu'aucun bas-relief, sur des sujets approchant de celui-ci, n'offre sans doute, au même degré de perfection, cette variété d'attitude, de mouvement, cette vie que nous croyons ne pouvoir trop louer dans l'ouvrage de Jean Goujon. Ces figures exécutées primitivement pour l'ornement d'une pièce située près de la grande salle de l'Hôtel-de-Ville de Paris, étoient entourées d'ornements également en bois et dus au même ciseau ; cette pièce ayant été agrandie quelques années avant la restauration de la monarchie, elles ont été distribuées différemment, et l'intervalle qui s'est trouvé entre chaque panneau, a été rempli par des cadres et des ornements d'un genre analogue à ceux de J. Goujon. Le mois de *Décembre*, que nous ne donnons pas parce qu'il a été perdu, a été remplacé par M. Mézières, qui l'a représenté tenant des pommes de terre.

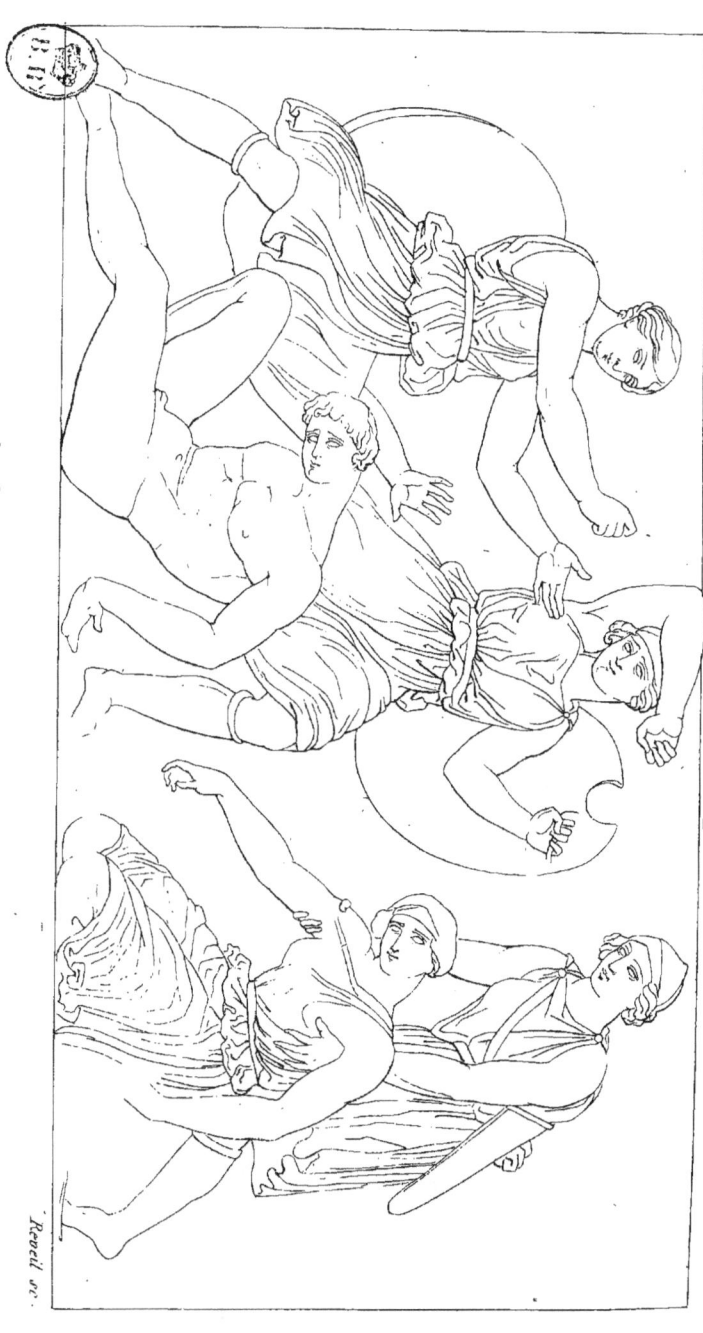

Combat des Grecs et des Amazones.

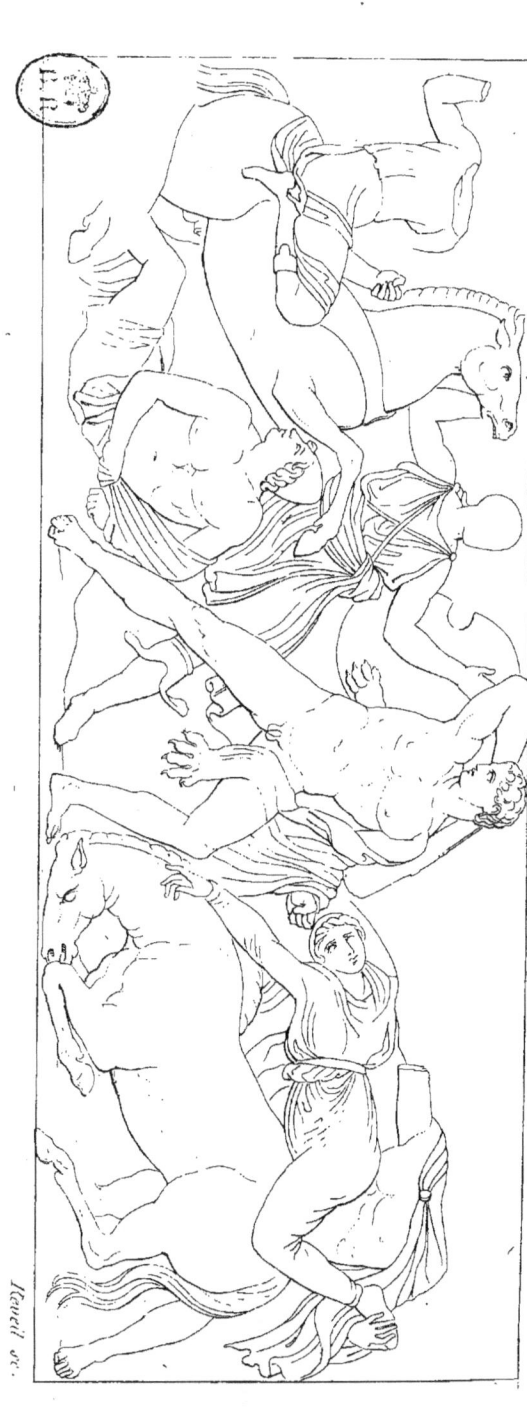

Combats des Grecs et des Amazones.

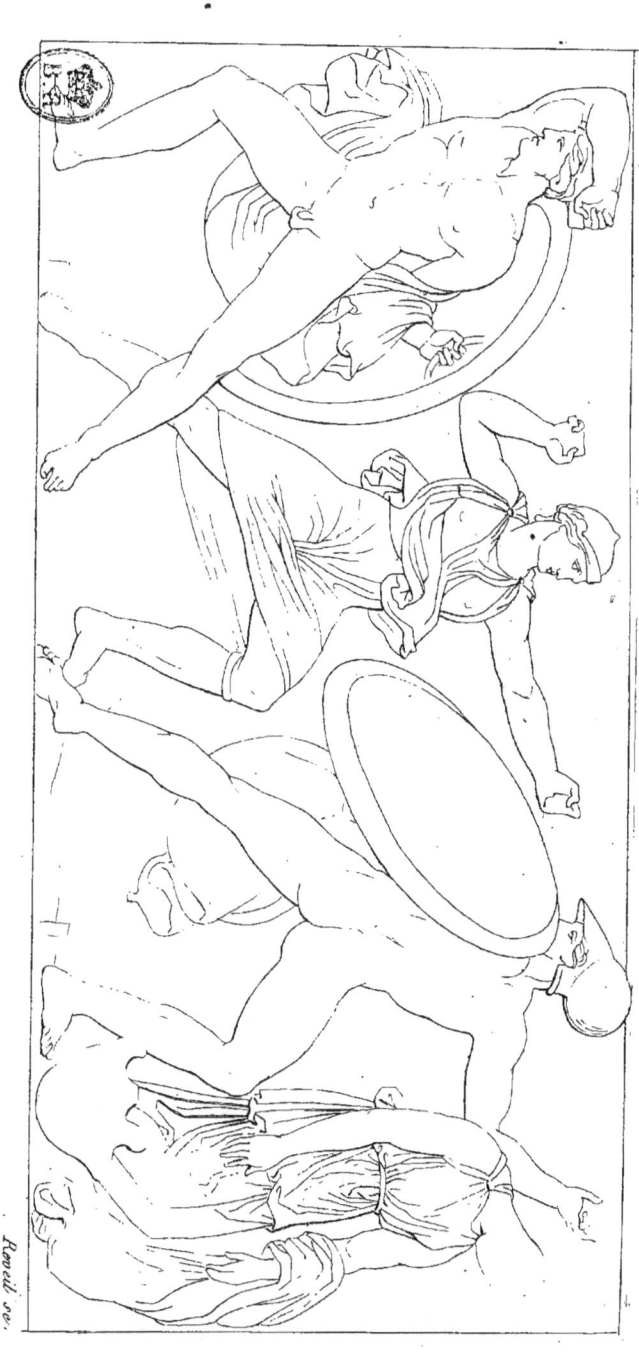

Combat des Grecs et des Amazones.

Sculpture antique.

COMBAT DES GRECS ET DES AMAZONES

ET

COMBAT DES CENTAURES ET DES LAPITHES.

Hauts-reliefs en marbre du Musée Britannique.

2 pieds 1 pouce 1 quart de haut chacun, sur environ 4 pieds 4 pouces de long.

Ces précieuses sculptures, découvertes en 1812 dans le Péloponèse par MM. C. R. Cockerell, F. Forster, J. G. Gropius, Ch. Baron de Halley, F. Linckh, Jh. Leyh, décoroient la frise d'un temple dédié à Apollon Epicurius, ou le Libérateur, situé sur le mont Cotylius, à peu de distance de Paolizza, ville qu'on suppose avoir été l'ancienne Phigalie en Arcadie. La suite se compose de vingt-trois tableaux ou compositions de haut-relief en marbre, comprenant cent figures de deux pieds de proportion environ, dont cinquante-trois représentent le combat des Hellènes contre les Amazones, et quarante-sept celui des Centaures contre les Lapithes aux noces de Pirithoüs. On ne sauroit dire depuis combien de siècles ces sculptures étoient ensevelies sous les décombres qui les cachoient, lorsque les artistes et les amateurs que nous avons cités obtinrent la permission de faire les fouilles qui les rendirent à la lumière; mais on lit dans Pausanias (liv. VIII, ch. XLI de ses Arcadiques) que l'architecte Ictinus, le même qui bâtit sous Périclès, en société avec Callicrate, le Parthénon à Athènes, bâtit aussi ce temple dorique, qui fut, après celui de Tégée, regardé comme le plus accompli dans tout le Péloponèse : or Périclès ayant vécu dans le Ve siècle avant J.-C., nous voyons qu'il s'est écoulé peu près 2,300 ans depuis l'érection de ce monument jusqu'à nos jours. A défaut de ces notions historiques, le style seul de ces ouvrages indiqueroit le siècle auquel ils appartiennent, car on y voit l'art parvenu à son plus parfait développement.

Ces vingt-trois tableaux, tous égaux en hauteur, mais non dans leur longueur qui varie entre 4 pieds et 5 pieds 10 pouces, couronnoient le pourtour de la *cella* du temple, au-dessous de *l'hypœthre*. Ils étoient à une élévation d'environ 22 pieds au-dessus du sol, ainsi qu'on en peut juger par les restes qui subsistent du temple, et éclairés d'en haut par l'ouverture de l'hypœthre. On les a trouvés étendus sur le sol, sans doute à la même place qu'ils occupoient quand ils se détachèrent de la frise dont ils faisoient l'ornement. Lorsqu'on en fit la découverte, ils étoient beaucoup plus mutilés qu'ils ne le paroissent aujourd'hui, que leurs différens morceaux ont été rapprochés et fixés par des liens en cuivre, sous la direction de M. Richard Westmacott, à qui cette opération fait honneur; mais pour ce qui est des autres détériorations, ils sont restés dans l'état où ils ont été trouvés, personne n'a essayé de les restaurer. Canova lui-même s'est refusé à associer son ciseau à celui des artistes grecs. Espérons qu'un si noble exemple empêchera que des mains sacrilèges ne joignent un jour aux outrages du temps l'outrage non moins funeste d'une indigne restauration.

Comme nous l'avons dit, deux sujets sont représentés sur ces marbres : Le combat des Grecs contre les Amazones, et le combat des Centaures contre les Lapithes. Le premier sujet est traité dans douze compositions qui se lisent de gauche à droite; le second dans onze compositions disposées dans le sens inverse, c'est-à-dire de droite à gauche.

Fidèle au plan que nous nous sommes tracé, de ne donner qu'un choix de ce que chaque Musée offre de plus remarquable, nous n'avons fait graver, de ces sculptures, que celles qui peuvent le mieux donner une idée du mérite de toutes sous le rapport du style, de la composition, de la variété d'action, de mouvement et d'expression, et, autant qu'il est possible dans une esquisse d'une si petite proportion, de la pureté, de la grâce, de l'élégance des formes. Avant de donner la description particulière de chacune des compositions que nous avons fait graver, nous nous permettrons quelques considérations générales sur ces sculptures. Bien que leur belle exécution prouve évidemment qu'elles sont du siècle de Périclès, qui fut le plus beau de l'art en Grèce, elles ne peuvent cependant soutenir la comparaison avec celles des célèbres métopes du Parthénon, qui se voient également au Musée britannique et qui datent du même temps. Ces sculptures sont peut-être d'un plus grand style de composition que celles du Parthénon, et peuvent leur être préférées sous le rapport de l'action plus animée donnée aux figures; leur saillie est aussi plus considérable, car elles sont presque de ronde bosse, et les têtes et les bras de beaucoup de figures sont entièrement détachés du fond; le travail du ciseau non plus n'est point inférieur : mais plusieurs figures péchent dans la justesse de leurs proportions, l'attitude de toutes n'est pas également satisfaisante, et l'expression manque le plus souvent de force. Il faut convenir toutefois que pour asseoir un jugement critique sur de semblables chefs-d'œuvre, il faudroit pouvoir les considérer du point de vue pour lequel ils ont été faits : alors ce qui paroît un défaut à une distance rapprochée de l'œil, seroit peut-être une beauté ou une combinaison de l'artiste pour arriver à un résultat qu'on n'avoit pas prévu.

La composition la plus riche et la plus considérable est celle où l'artiste a représenté Thésée, armé comme Hercule d'une massue et revêtu d'une peau de lion, se disposant à asséner un coup de son arme redoutable à une Amazone à cheval, sans s'inquiéter d'une autre Amazone, qui vraisemblablement craignant pour la vie de sa compagne, s'est précipitée entre les combattans : un jeune Grec, qui a été renversé à terre par le cheval de la guerrière, se relève et tire son épée du fourreau. A la droite de ces figures est une troisième Amazone, qui a reçu un coup mortel et dont le cheval a été tué sous elle; un Grec paroît vouloir enlever son corps de dessus le cheval. La longueur de ce marbre est de 5 pieds 10 pouces.

Un autre sujet, d'une dimension également plus grande que les autres, représente une Amazone engagée dans un combat singulier avec un jeune Grec. D'un côté est un autre Grec, la main levée sur la tête et dans l'attitude de frapper sur une Amazone qui est hors du cadre. Au bout opposé est une Amazone qui s'évanouit. Ce marbre a 4 pieds 5 pouces trois quarts de long.

Le troisième sujet du combat des Amazones que nous donnons, fait voir une de ces femmes redoutables prête à frapper avec fureur un jeune Grec blessé qui est renversé à ses pieds, tandis qu'une de ses compagnes, les bras étendus et le regard suppliant, paroît intercéder pour la vie du guerrier vaincu. A l'autre extrémité de la composition est un groupe de deux Amazones, dont l'une soutient sous les bras sa compagne blessée grièvement et tombée les genoux à terre.

Ce marbre est de la dimension commune de la presque totalité des autres : 4 pieds 2 pouces.

Parmi les sujets du Combat des Centaures contre les Lapithes, nous donnons seulement cette fois celui dans lequel une des convives des noces de Pirithoüs, tombée au pouvoir d'un des Centaures, fait tous ses efforts pour se dégager de ses étreintes et mettre en sûreté l'enfant qu'elle tient sur son bras. Cet enfant, saisi de frayeur, se presse contre le cou de sa mère, et cache sa tête derrière la sienne pour n'être point vu du Centaure. Ce marbre contient deux groupes. Le second représente un Centaure aux prises avec un Lapithe qu'il a terrassé et qu'il foule sous ses pieds.

Longueur : 4 pieds 1 pouce un quart.

Dans une prochaine livraison, nous donnerons encore un ou deux sujets de ces précieuses sculptures, et nous ferons précéder la notice qui les accompagnera, de quelques considérations particulières sur l'état de conservation de ces beaux restes de l'antiquité.

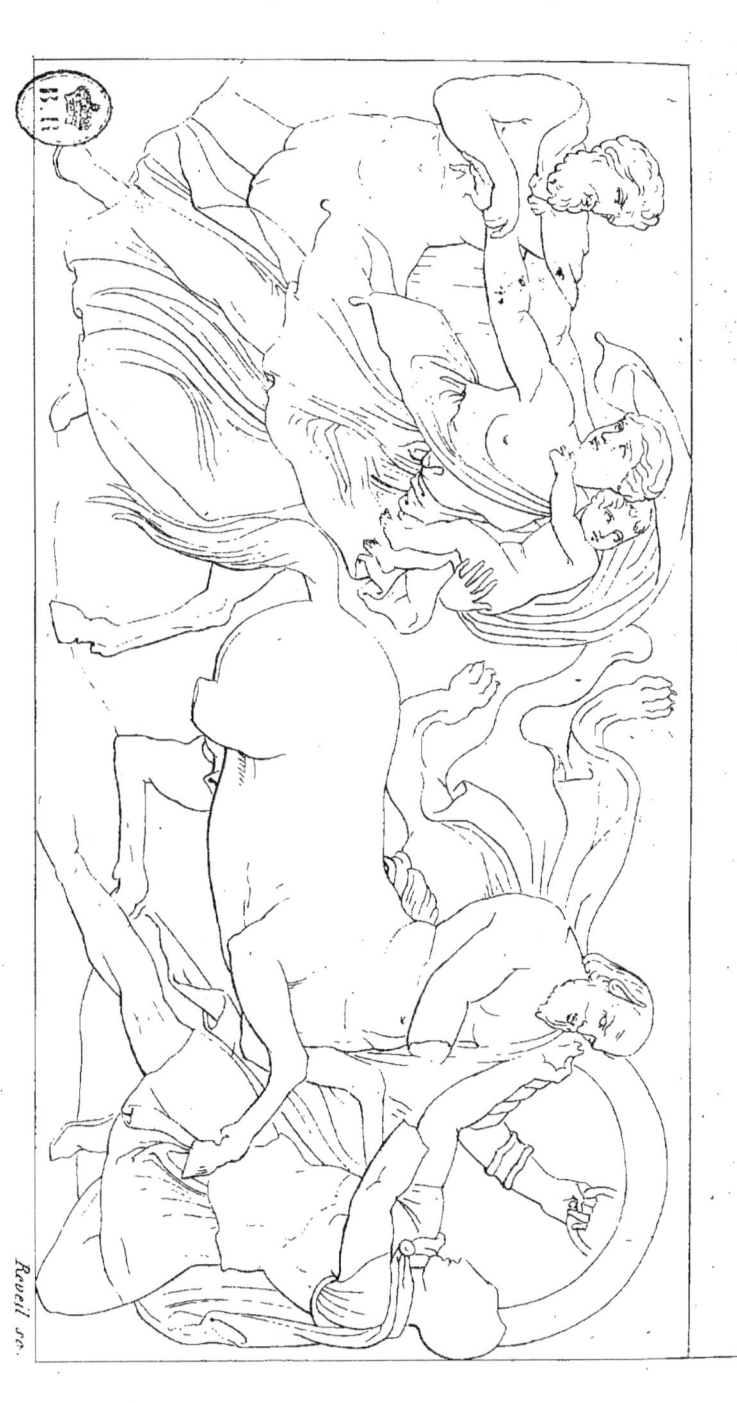

Combat des Centaures et des Lapithes.

TABLE PROVISOIRE
DE LA HUITIÈME LIVRAISON.

PEINTURE.

Fr. Albani.
1. La Vierge, l'Enfant Jésus, Ste Madeleine et Ste Catherine d'Alexandrie.—*Gal. de Bologne.*

S. Cantarini.
2. Tarquin et Lucrèce.—*Galerie impér. de Vienne.*

Le Caravage.
3. Guérison de Tobie.—*Galerie impér. de Vienne.*

L. Carrache.
4. Mariage mystique de Ste Catherine d'Alexandrie avec l'Enfant Jésus.—*Gal. de Lucien Bonaparte.*
5. Jésus ressuscite le fils de la veuve de Naïm.—*Galerie de Lucien Bonaparte.*
6. La Vierge, Jésus et S. Joseph.—*Cabinet de M. Städel, à Francfort-sur-Mein.*
7. La Conversion de S. Paul.—*Gal. de Bologne.*

A. Corrège.
8. La Vierge, Jésus, S. George, S. Pierre, S. Jean-Baptiste et S. Géminien.—*Galerie de Dresde.*

Dominiquin.
9. Martyre de S. Pierre, évêque.—*Gal. de Bologne.*

Fr. Francia.
10. Annonciation.—*Gal. de Bologne.*

A. Kauffmann.
11. Herman et Thusnelde.—*Gal. impér. de Vienne.*

L. La Hire.
12. Les enfans de Béthel dévorés par des ours.—*Gal. de Lucien Bonaparte.*

Léonard de Vinci.
13. La Vierge et l'Enfant Jésus.—*Collect. Cœswelt, à Londres.*

C. Maratta.
14. Mort de S. Joseph.—*Gal. impér. de Vienne.*

F. Primaticio

15. Justice d'Othon le Grand. — *Galerie de Lucien Bonaparte.*

Raphaël.

16-17. Ananie frappé de mort. — *Carton d'Hamptoncourt.*

18-19. La pêche miraculeuse. — *Idem.*

20. La Vierge, Jésus et S. Jean. — *Collect. Cœsvelt, à Londres.*

Rubens.

21. Saint Ignace opère des Miracles. — *Gal. impér. de Vienne.*

J. B. Salvi.

22. Sainte Famille. — *Gal. de Lucien Bonaparte.*

Vandyck.

23. Samson trahi par Dalila. — *Gal. imp. de Vienne.*

Van Steen.

24. Réunion joyeuse. — *Gal. impér. de Vienne.*

P. Véronèze.

25. Jésus guérissant une femme malade. — *Galerie impér. de Vienne.*

26. Martyre de Ste Justine. — *Gal. de Florence.*

Vasari.

27. La Cène de S. Grégoire le Grand. — *Gal. de Bologne.*

Villamena.

28. Caricature sur Henri IV, terrassant la Ligue. — *Gal. de Lucien Bonaparte.*

SCULPTURE FRANÇAISE.

J. Goujon.

29. Les quatre Saisons. — *De l'hôt. Carnavalet, à Paris.*
30-31-32. Les mois de l'année. — *De l'Hôtel-de-Ville de Paris.*

SCULPTURE ANTIQUE.

33-34-35. Combat des Grecs et des Amazones. — *Musée Britannique.*
36. Combat des Centaures et des Lapithes. — *Idem.*

PARIS. — DE L'IMPRIMERIE DE RIGNOUX,
Rue des Francs-Bourgeois-S.-Michel, n. 8.

www.ingramcontent.com/pod-product-compliance
Lightning Source LLC
Chambersburg PA
CBHW070248230526
45470CB00002B/521